HIKARI AOISHI

BLUE LAB HOROSCOPE BOOK

2018
SPRING & SUMMER

ブルーラボ ホロスコープブック
2018 SPRING & SUMMER

SUPPORTED
by
ONWARD "BLUE LAB"

SOUGEISHA

INTRODUCTION

2018年はどんな1年に?
青石ひかりが気になる星の動きを解説

"「生きる」という基本意識に立ち返る年"

2017年末から2018年にかけて、多くの外惑星が移動し、人々の意識には
大きな転換が起こっています。2017年を振り返ったとき、「激動の年」「乱
世」という言葉を挙げてしまった人も少なくないのではないでしょうか。このなん
とも言えない不穏なムードは年明けから急に変わることはありませんが、それで
もだいぶ「常識寄り」の年にはなりそうです。木星に天秤座、土星に射手座と
いう比較的「派手なサイン」に大惑星が入っていた2017年に比べると、
2018年は地味で、時代を逆行しているような気分に覆われるかもしれません。

"とりあえず地味で堅実な生き方をしてみる"

トレンドを表わす木星は2017年10月から蠍座に入っていて、木星・天秤座時
代のファッショナブルな華やぎがしぼみ、倹約ファッションや着回し&リサイク
ル、「一生モノ」の大切さが謳われるようになります。デザインも70年代や80
年代のレトロ・テイストのリバイバルが目立ち、その時代の映画やドラマのラ
ブ・ストーリーが再び人気を集めることも。ツンととりすました感じの天秤座の木
星より、蠍座の木星は一途で率直です。「ハグしよ!」「ぎゅっとしたい」という
CMが流行り始めているように、蠍座の愛情表現は強い抱擁であり、独占であ
り、嫉妬であり、「死を賭けた愛」です。これが「家族の愛」につながることが一
番理想的なゴール。愛によってたくさんのベビーが生まれるのは、2019年に
入ってからになりそうです。干支で言う「いのしし年」(木星が射手座に入る
年)は歴史的にベビー・ブームの年ですが、2019年がその年に当たるのです。

INTRODUCTION

"伝統的なものにフォーカスが当たり、欠点も浮上する"

土星は2017年12月20日に山羊座に移動。山羊座の支配星は土星なので、「試練とプレッシャーの星」と言われるこの星も、山羊座にあっては意義深い働きを見せていきます。女性も男性も「成熟すること」が美徳とされ、アンチエイジング一色だった美容の世界でも「年相応の美」が提案されることになりそう。「若作り」から卒業するマダムがかっこよく見える時代になります。国家主義、伝統、神社仏閣といったものにフォーカスが当たり、意外なアングルから欠点や弱味を突かれることも。土星が山羊座に入る直前にあの富岡八幡宮での凄惨な事件が起こったことは、星の動きとは無縁と思えないのです。「神社」という一般にとって不可侵の領域で、生々しい出来事が起こったことは、今後3年間の「不安」を象徴しているようです。土星と同じサインに「死の星」冥王星があるため、こういう悲痛な出来事が起こりやすくなっているのかもしれません。また、土星という「古い時間」を表示する星が冥王星という「エロスと粘着」の星と接近することで、大昔のハラスメントや性に関する事件を暴露する傾向は続きそうです。「昔に起こったことだけど、やはり許せない」と立ち上がった人々によって、ニュースもにぎわいそうです。

"「まさか」の不動のテーマが動き出すことも"

2011年3月から牡羊座にいて猛威を振るっていた天王星は、5月に牡牛座に入宮、11月からいったん牡羊座に戻りますが、2019年3月以降は長期間牡牛座を進行していきます。「所有」「財産」を表す牡牛座にハプニング星・天王星が入ることで「所有すること」のスタイルや意味そのものが変わってくることも。遺産のハウスには木星がいて、木星と天王星が緊張の配置を取ることになるので、相続税や遺産に関するさまざまなシステムが変わるのかもしれません。貨幣価値に代わるものが経済を動かしたり、「豊かさ」の意味に転換が起こることも考えられます。

INTRODUCTION

西洋占星術研究家・青石ひかりとは?

青石 ひかり（あおいし・ひかり）
西洋占星術研究家。タロット占術、ホラリー占星術、ハーモニクス占星術を学ぶ。趣味はアロマテラピーとパワーストーン蒐集。ウェブマガジン『honeyee.com（ハニカム）』において、週間占いと『ELLE（エル）』で月間占いを連載。時に鋭く、そして包み込むように語りかける占いは「当たりすぎて怖い！」と評判。

［この本について］
『BLUE LAB HOROSCOPE BOOK 2018 SPRING & SUMMER』は、株式会社オンワード樫山が2018年春夏シーズンに複数のブランドで展開するキャンペーン、"BLUE LAB（ブルーラボ）"の企画から生まれたホロスコープブックです。西洋占星術研究家・青石ひかりさんの協力により、2018年上半期の運勢とともに、あなたの星座にとって似合うブルーを提案します。

002

CHAPTER ONE.
HOROSCOPE 2018 SPRING & SUMMER

あなたの2018年上半期の運勢は？
青石ひかりが鑑定する
2018年上半期の12星座占い［総合編］

- **002** 牡羊座［おひつじざ 3/21－4/19生まれ］
- **004** 牡牛座［おうしざ 4/20－5/20生まれ］
- **006** 双子座［ふたござ 5/21－6/20生まれ］
- **008** 蟹座［かにざ 6/21－7/22生まれ］
- **010** 獅子座［ししざ 7/23－8/22生まれ］
- **012** 乙女座［おとめざ 8/23－9/22生まれ］
- **014** 天秤座［てんびんざ 9/23－10/22生まれ］
- **016** 蠍座［さそりざ 10/23－11/21生まれ］
- **018** 射手座［いてざ 11/22－12/21生まれ］
- **020** 山羊座［やぎざ 12/22－1/19生まれ］
- **022** 水瓶座［みずがめざ 1/20－2/18生まれ］
- **024** 魚座［うおざ 2/19－3/20生まれ］

026

CHAPTER TWO.
TOPIC OF BLUE

西洋占星術研究家・青石ひかりが見る、
2018年の「ブルー」の意味

028

CHAPTER THREE.
BLUE LAB × CREATER

そのコーディネートの運勢は？
青石ひかりによるBLUE LAB占い［人物編］
powered by ONWARD "BLUE LAB"

- **028** 森本千絵さん 編
- **030** 幅允孝さん 編
- **032** 梶雄太さん 編
- **033** Licaxxxさん 編

034

CHAPTER FOUR.
BLUE LAB ITEMS

あなたに似合うブルーのアイテムは？
青石ひかりによるBLUE LAB占い［12星座編］
powered by ONWARD "BLUE LAB"

- **034** 牡羊座［おひつじざ 3/21－4/19生まれ］
- **038** 牡牛座［おうしざ 4/20－5/20生まれ］
- **042** 双子座［ふたござ 5/21－6/20生まれ］
- **046** 蟹座［かにざ 6/21－7/22生まれ］
- **050** 獅子座［ししざ 7/23－8/22生まれ］
- **054** 乙女座［おとめざ 8/23－9/22生まれ］
- **058** 天秤座［てんびんざ 9/23－10/22生まれ］
- **062** 蠍座［さそりざ 10/23－11/21生まれ］
- **066** 射手座［いてざ 11/22－12/21生まれ］
- **070** 山羊座［やぎざ 12/22－1/19生まれ］
- **074** 水瓶座［みずがめざ 1/20－2/18生まれ］
- **078** 魚座［うおざ 2/19－3/20生まれ］

082

CHAPTER FIVE.
INTERVIEW

ドクターデニムホンザワ
本澤裕治が語るデニムとオンワード"BLUE LAB"

084

CHAPTER SIX.

ONWARD "BLUE LAB" STYLE
オンワードのブランド別に、BLUE LABのスタイリング例を紹介

- **084** 23区
- **085** 23区HOMME
- **086** ICB
- **087** 組曲
- **088** 五大陸
- **089** SONIA RYKIEL COLLECTION
- **090** J.PRESS（WOMEN'S）
- **091** TOCCA BAMBINI
- **092** any SiS
- **093** BEIGE,
- **094** TOCCA
- **095** JOSEPH ABBOUD
- **096** 自由区

CHAPTER ONE.　　HOROSCOPE 2018 SPRING & SUMMER　　002

あなたの2018年上半期の運勢は？
青石ひかりが鑑定する2018年上半期の12星座占い ［総合編］

牡羊座

illustration : STOMACHACHE.

[おひつじざ]　3/21－4/19生まれ

牡羊座の2017年をふりかえる

2017年は対人関係のハウスの木星があなたの日常をザワザワと騒がしく揺さぶり、他人に過剰に振り回される年だったかも。牡羊座の側には天王星がいて、木星と対峙することで「変わりたいのに相手が大きすぎて変化することができない」という状況を引き起こしていたかもしれません。土星は理想のハウスにいて、あなたと海外とのネットワークを一時的に制限していた可能性も。そして冥王星は長らくキャリアと重責のハウスにいて、あなたの仕事運に「極限までの」リスクを払うことを強いてきました。遣り甲斐はあっても心が休まる暇はほとんどなかったのではないのでしょうか。

2018年上半期の兆候

木星と土星という二大トレンドの星が、重々しくコンサバなサインに入っているため、牡羊座のマイペースが「子供っぽい」と誹謗されたり、周囲からあなたを型にはめて決まった役割を押し付けてこようとす

こちらの青石ひかりによる「2018年上半期占い」と、コラム「星の動きで予言する、2018年に起こる12のトレンド」は、ウェブマガジンのhoneyee.com（ハニカム）に掲載されているコンテンツと同内容のものになります。

るかもしれません。特に年明けは太陽・土星の王者のコンビがあなたのキャリアのハウスに鎮座するため、仕事面では何かと「目の上のたんこぶ」的存在に悩まされそう。ハプニング星・天王星は5月に牡羊座から抜けるため、過去7年間のような激動ムードは収まりますが、あなたにとって基盤作りと安定したライフスタイルの構築は大きなテーマになっていきそうです。

2018年上半期の運勢

一言で言うなら「大人になる」季節です。人間関係ではケンカ別れや中途半端なフェイドアウトをなくし、他者との付き合いを洗練させ、どんなときにも優しい心で丁寧に対応していくこと。忍耐力や自制心を鍛えることで何が生まれるかというと「豊かさ」と「安定感のある日常」です。過去7年間のあなたは、わざと諍いの種をまいたり「炎上キャラ」になったりして、周囲に刺激を与えることで人気やお金を得てきたふしがあります。この流れがはっきりと切り替わるのは天王星が移動する5月16日。冒険やギャンブル的な選択より、リスクマネージメントとルーティンワークの充実をはかっていくことが幸運につながります。転職や移転が多かった人は「定職」「定住」がテーマに。今まで築き上げてきた有形無形の財産を守り、維持していくためにも、攻めるだけでなく守ることを意識してください。金星が牡羊座に入る3月は、美や財産に関する大きな幸運が訪れやすく、自分の心の優しさを再発見する季節に。

COLUMN

今年のトレンドを星の動きで大胆予想

2018年に起こる12のトレンド

限りある「時間」の価値を考え直す

山羊座に支配星・土星が入ることで、「時間の大切さ」「時間を効率的に使う」ということが強調される時代に。仕事の待ち合わせでの遅刻などは大タブー。締切や各種納期などもきちんと守らないと信頼を失う時代になります。仕事をスムーズにこなすための「余暇の時間」にもフォーカスが当たりそう。自由に過ごす時間、楽しさを満喫する時間も「モノ」や「お金」以上に大切にされ、若者が仕事を選ぶ際にも、休日がきちんととれるかは重要なポイントになりそう。時間の重みについて、働く方も雇う方も真剣かつ合理的に考える時。

CHAPTER ONE.　　HOROSCOPE 2018 SPRING & SUMMER　　004

青石ひかりが鑑定する2018年上半期の12星座占い ［総合編］

牡牛座

［おうしざ］ 4/20－5/20 生まれ

牡牛座の2017年をふりかえる

牡牛座にとっては、日常的な義務やルーティンワークの見直しをする堅実な年が2017年でした。「自分の使命とは」「周囲から求められている役割とは」ということに意識が集まり、あらためて仕事への情熱を高めていった人もいたでしょう。その一方で「なかなかモチベーションが上がらない」「昔のような勢いが出ない」という兆候もあったかもしれません。社会的な対面を保つのに疲れ、「もっと本音で生きたいのに」と窮屈に感じた場面も。時には一生懸命やったことに対して、評価を得ても自分自身がなぜか満足しない……という奇妙な感覚に悩まされていたこともあったのではないでしょうか。

2018年上半期の兆候

一言で表すなら「青天の霹靂（へきれき）」。ハプニングの星・天王星が5月に牡牛座に入るため、本来なら変化を好まない牡牛座が、周囲も驚くような転身をはかったり、仕事やパートナーを変えたり、ライフスタイルを刷新したりする可能性が高まっています。対人関係は吉凶混合。人から救われチャン

スをもらいますが、バランスを崩すと依存関係になったり、極端な主従関係になったりすることも。現実面では「過去の積み重ねを大切にしなければ」と強く思う一方、あなたの深いところで「生まれ変わりたい」「すべてを新しくしたい」という強い欲求が湧き上がってくる時です。

2018年上半期の運勢

年明けは太陽と土星が理想のハウスで重なり、あなたのプライドや上昇志向がいつも以上に高まるシーズン。社会貢献も大きな目標となり、ただ自分の生活を保つためだけの仕事には飽き足らなくなってきます。牡牛座の支配星である金星は、あなたに生まれつきの美的センスを与えてくれますが、これを過去に生かし切っていなかった人には「感性を生かした仕事をしたい」という転職の欲求が湧いてきます。実際にアクションを起こすのは5月中旬以降がベターですが、納得のいく方向性が見えて来たら3月頃に動き出すのもよいでしょう。安全を優先し、冒険を避けてきた人にとっては、俄然「リスクをとりたい」と思う時。自分の才能や運に賭けてみたいという情熱が湧き、一年前のあなたとは比べ物にならないほどの大胆なアクションを起こしているかもしれません。「人生の方向性を変えたい」と思ったら、素直に自分の気持ちに従ってみて。応援してくれる人は、あなたが予想しているよりずっとたくさんいるでしょう。6月には「新天地」「新境地」という言葉が見えてきそうです。

COLUMN

今年のトレンドを星の動きで大胆予想

2018年に起こる 12のトレンド

ファッションは 華やかさより「実用性」

ファッションは、カッティングやシルエットにもまして「実用性」が問われます。フラジャイルで洗濯が大変な贅沢素材は、一部の人気にとどまりトレンド商品にはなりづらいでしょう。汚れが落ちやすかったり、目立たなかったり、素材面で耐久性のあるものが人気。「伝統的で丈夫な素材」がトレンドになることも。ずっしりと重い、イギリスの郵便配達夫の制服のような生地がブームになるかも。防寒アイテムであるヒートテック、夏場の涼感素材も引き続き人気。登山シューズなど、あるシチュエーションの専門アイテムがストリートで脚光を浴びることになりそう。

CHAPTER ONE.　　　HOROSCOPE 2018 SPRING & SUMMER　　　006

青石ひかりが鑑定する２０１８年上半期の１２星座占い ［総合編］

［ふたござ］　5/21－6/20 生まれ

双子座の2017年をふりかえる

クリエイティブのハウスが刺激され、ビジネスや表現、学業においては画期的な業績を残せた年でした。あなたのシャープなアイデアや、タイミングのいい決断力が、自分一人の評価だけでなく、グループ全体の運命を救っていたことも。一方、対人関係は長らく問題続きで、周囲との折り合いが悪かったり、仲間がどんどん離れて行ったりと失望するよう な動きがあったかもしれません。2014年から続いていたこの対人面での不調は2017年12月に終了し、年末は清々しい気分で迎えられた双子座も多かったでしょう。

2018年上半期の兆候

年末から短期間に多くの惑星が移動したため、双子座にもたくさんの影響が出てきます。秘密のハウスの土星はあなたの過去のトラウマを刺激し、自己評価の低さを浮き彫りに。これは徹底的に矯正する必要が出てきます。あなたがしっかり地に足をつ

けて進むためにも、自己肯定の軸を安定化させる必要が出てくるでしょう。5月には天王星が移動し、あなたの無意識のハウスに入るため、急な方向転換が多くなるという傾向も。インスピレーションを生かしながらも、衝動的に動くのは最小限にとどめて。周囲はあなたよりコンサバで、「面白い例外」に不寛容になっています。

2018年上半期の運勢

上半期は「守り」に徹して正解。トレンドがはっきりしない時期で、あなたがリードしていくような楽しい「お祭り」が始まるのももう少し先です。敵を作らず、不仲の相手とは仲直りをし、誰よりも自分自身の過去と和解して、ストレスのない日常を送るようにして。仕事は本業と副業のダブル路線で回っていくことが多く、状況を見ながら経済的な安定を優先していくのも賢明な道です。3月には支配星・水星の逆行もあり、予定外のハプニングが起こることも。あなたの性格や人間関係の欠けている部分が巻き起こすドラマに悩まされそう。でも、最終的にはハッピーエンドに落ち着くので安心を。5月に移動する天王星は少々曲者で、双子座にとって無意識と「見えない敵」のハウスに入るため、あなたの成功やブレイクを妨害していた「有害人物」がはっきりと顔を表してくることもあるかも。相手を制裁したいと思ったら、ここは一人で成敗するよりも複数のメンバーを集めて徹底的に問いただしたほうがよいでしょう。

COLUMN

今年のトレンドを星の動きで大胆予想

2018年に起こる12のトレンド

「昔懐かしい」が心をつかむ

アナログプレーヤーはますます人気のアイテムに。大きくて重いヘッドフォンもおしゃれアイテム。どっしりとしたステレオなど、復刻デザインが販売されるかも。昭和の防寒アイテムである「炬燵」は椅子タイプの新しいものから昔ながらのものまで人気が高くなりそう。デザインだけ昔の「黒電話」がリバイバルする可能性も。電気炊飯器に飽き足らないグルメのニーズから、鉄の窯でお米を炊くなどのアクティビティも話題になる予感。おしゃれでスタイリッシュなデザインよりも「昔」のノスタルジーを彷彿させる素朴なデザインが人気になります。

CHAPTER ONE. HOROSCOPE 2018 SPRING & SUMMER 008

青石ひかりが鑑定する２０１８年上半期の１２星座占い ［総合編］

蟹座

［かにざ］ 6/21－7/22 生まれ

蟹座の2017年をふりかえる

木星を安息のハウスに迎え、土星を日常と義務のハウスに滞在させていた2017年の蟹座。仕事よりも家庭や親密なパートナーシップに意識が向き、残業や休日出勤が億劫に感じていたかも。他人のちょっとした悪意やライバル意識に繊細な精神を揺さぶられ、つねに「外の世界が煩わしい」シンドロームに陥っていた蟹座も。ライフスタイル面では、許されるならほぼ「引き籠もり」したかったのではないのでしょうか。子供がいる人もいない人も「我が子」と呼べる存在を大切にし、ペットにありったけの愛を注いできた人もいたでしょう。

2018年上半期の兆候

ラッキー星・木星は恋愛と創造のハウスにいて、こもりがちだった蟹座の意識をだいぶ外向きにしてくれます。主に「書いたり」「創作したり」「企画を発表したり」という作業をする中で、意識の面でも積極的に変化していけるでしょう。新しい人に対する

好奇心や、新しい職場環境への興味も旺盛に。対人関係のハウスに土星が居座っているものの、相手のリアクションのパターンを読んでしまえば、あなたの方から相手を操ることも可能。5月にはまた新しい流れが加わり、あなたの「仲間」との関係性に変化が起こりやすくなってきます。結果的に、テンションが高すぎない、自分に似たタイプの仲間があなたのもとに残るでしょう。

2018年上半期の運勢

年明けはハード。対人関係のハウスに居座る太陽・土星・冥王星の手ごわいトリオがあなたの自由を奪い、「好きなようにやらせてくれる」環境を確保するのは大変になりそう。一時的に主張を抑え、年上や先輩の言うことを聞いておくことで、無駄なトラブルを避けるのも賢明。春に近づくと、新しいジャンルに飛び込んで、そこに根付いて「デビューする」度胸が湧いてきます。周囲は大いに驚くでしょう。なかなか動かないハプニング星・天王星が天頂からコミュニティのハウスに移るため、5月は別れと出会いの季節になるかもしれません。でも、目的意識がはっきりしている限り、あなたは感傷よりも未来と自由を選ぶはず。自由なムードが見えてくるのは6月。冒険心が旺盛になり、さまざまな試験やオーディションを受け、それに合格すれば新しい場所に飛び立つことができそう。2017年にあなたがいた場所が、とても狭く思えるかもしれません。

COLUMN

今年のトレンドを星の動きで大胆予想

2018年に起こる 12のトレンド

お金や「所有」の概念が変わる

天王星が7年ぶりに移動し、牡牛座という「所有、お金、五感」をつかさどるサインに入るため、お金の概念が変化していくタイミングです。ビットコインなどの暗号通貨に興味を持つ人が増え、「マネー教室」がブームに。大手銀行は従来的な役割をどんどん失っていく可能性が出てきます。身近なところでは、賃貸契約のルールにも変化が。「礼金・敷金」「更新料」を見直す動きが出てきそうです。前回、天王星が牡牛座に移動したのは1934年。1929年にはじまった世界恐慌の立て直し政策として、イギリスやフランスなど植民地をもつ国が「ブロック経済」と呼ばれる関税同盟を組んだ時代です。2018年は「税」に対して大きな動きが起こり、活発な議論が交わされます。

CHAPTER ONE.　　　HOROSCOPE 2018 SPRING & SUMMER　　　010

青石ひかりが鑑定する２０１８年上半期の１２星座占い［総合編］

獅子座

［ししざ］ 7/23－8/22 生まれ

獅子座の2017年をふりかえる

友人や仲間によって支えられ、彼らが与えてくれたチャンスから大きな成功を得て、人気とパワーをたくわえていった2017年の獅子座。友達とのコミュニケーションがあなたの発展のキーを握っていたため、家の中でゆっくり寛ぐような時間は少なめだったかもしれません。プレッシャーの星・土星は長らくクリエイティブのハウスにいて、あなたの「個人プレイ」は不安定な成績しか残せなかった可能性も。アクティブなキャラクターを発揮できた半面「貫禄がない」「落ち着きに欠ける」などの予想外の評価を与えられて、ダークになってしまった獅子座もいたかもしれません。

2018年上半期の兆候

急速な「成長」をはかる年です。地に足の着いた発想で仕事や人間関係を動かし、不安定だった評価を確実なものに変えていけるでしょう。家族との絆が大きくフィーチャーされ、プライベートに割く時

間を増やしていくことになりそうです。「世間からどう見られるか」よりも、自分の本質的な心の満足を優先していく年です。「時間」ということも大きなテーマに。約束に遅刻しない、締切を守る……といったことから、年相応の考え方をする、年齢を受け入れる、といったことまで「時の重み」を吟味することで安定した未来を切り拓いていけるでしょう。

2018年上半期の運勢

前半と後半ではガラリと雰囲気が変わる年ですが、前半は派手なことが好きなあなたにとっては少々地味な季節になるかもしれません。幸運星・木星は安息のハウスにあり、プライベートの充実と家族と過ごす時間が最大の楽しみになります。居住スペースを充実させ、健康な肉体と精神を育むことが幸運のキーに。「親」というキーワードも浮上し、親孝行をしたい、という気持ちが強く湧いてくるだけでなくあなた自身が責任をもって誰かを育てる立場になることがあるでしょう。変化の星・天王星は5月に移動。理想のハウスからキャリアと重責のハウスに移り、獅子座の社会的評価に変動が起こりやすい展開に。プライベートの木星とキャリアの天王星が対峙するため「どちらを優先するか」を葛藤する人も出てきそう。根拠のないスカウトや派手な転職はとりあえず避けたほうが無難です。労働とプレッシャーの星・土星は日常のハウスにいて「毎日こつこつ努力すること」を奨励しています。現実感覚を磨き、胡麻化したり演じたりするのではない「本物の自分」を構築していく堅実なシーズンです。

COLUMN

今年のトレンドを星の動きで大胆予想

2018年に起こる 12のトレンド

求められるのは 「家族の絆」を描いた作品

ドラマや映画、小説の世界では「家族の絆」をテーマにしたヒット作が出そう。血縁ほど強い絆はない、というメッセージがCMからエンターテイメントまで波及していく年。レジャー業界も、家族単位で楽しめる娯楽の提案を増やしていくと収益が上がります。高齢化社会に特有のシビアな「家族の問題」もニュースになっていきそう。新しい時代に対応する福祉のシステムが確立される予感。恋愛も、ゲーム感覚の付き合いより「家族になる」感覚の交際がメインストリームに。「家族っていいよね」といったキャッチコピーがさまざまなところで使われそう。

CHAPTER ONE.　　　HOROSCOPE 2018 SPRING & SUMMER　　　012

青石ひかりが鑑定する２０１８年上半期の１２星座占い［総合編］

乙女座

[おとめざ] 8/23－9/22 生まれ

乙女座の2017年をふりかえる

小さな望みの星は見えてきたものの、安息のハウスに居座っていた土星が乙女座の基盤を不安定にし、「どこが本当の自分の居場所なのか？」を試行錯誤する日々だったかもしれません。2015年からの疲れがどっと出て、日常のリズムが崩れてしまい「普段できていたこと」がなぜか急に出来なくなってしまったこともあったかも。努力をしてもすぐに成果が出づらく、器用に世の中を渡っている他人がまぶしく見えた2017年。最後の12月になってようやくマイペースを取り戻し、元気を回復したのではないでしょうか？12月20日に移動した土星はあなたを働き者にし、失われた活力を取り戻させました。

2018年上半期の兆候

星たちの応援を得て、素晴らしい発展の年になります。あなたの積年の忍耐強い仕事ぶり、不満を言わない芯の強さに感動した仲間たちが「応援してあげよう！」と乙女座を助け、活動のプロモーションをしてくれそうです。友情運が12年に一度のピークを迎えており、新しく親友と呼べる大切なメンバ

ーが浮上するのかもしれません。精神面でも物理的な面でも「自分の居場所」と呼べるところに落ち着き、実りの多い毎日を送ることができそう。さらにハイレベルな目標ができて、新しいステージへと飛び立つ準備をする乙女座も。あなたにとって本当の「夜明け」となる一年になるでしょう。

2018年上半期の運勢

2017年12月下旬に創造のハウスに移動した土星は、働き者のあなたをさらに勤勉にし、自分の望むものを作り上げるために極限まで努力をさせます。今までの倍以上のペースで成果が上がるので、あなた自身「自分を高めていくこと」が面白くて仕方なくなるはず。幸運の星・木星は2017年秋からコミュニケーションのハウスにいて、乙女座の「書いたり読んだりすること」の才能をバックアップ。年明けからあなたにスポットライトが当たり、表舞台でアイデアや夢を語ることがあるかもしれません。3月にも飛躍的なチャンスが。何度トライしても手に入らなかったポストが世代交代やメンバーチェンジのタイミングと重なって、呆気なくあなたのものになる可能性大。もうひとつの転機は5月の7年ぶりの天王星の移動。乙女座にとって旅と理想のハウスに入るため、あなたの視野はグンと広がり、活動のフィールドが拡大していきます。目標そのものがハイレベルになり、新たなトレーニングを始めることもあるかもしれません。乙女座にとって「学び」が何よりの楽しみになる年です。

COLUMN

今年のトレンドを星の動きで大胆予想

2018年に起こる 12のトレンド

「ワインセラー」と 「金庫」が運を呼ぶ

コレクションをため込んだり、貴重品を目に見える形でディスプレイしたり、暗い場所に保管しておくことがラッキー・アクションに。ワインは食器棚よりも専門のワインセラーにストックし、年代や産地を分類して寝かせておくのがよし。「すぐに飲まないで、大切なときまでしまっておく」というアクティビティに意味があります。金庫も、簡単に持ち運べない重くて大きなものが欲しい時。金庫がひとつの「人格」となって、お金や財宝を呼び寄せてくれます。よく言われるように、金庫にとって居心地がいいのは北方位。お金が「溶けださない」方角です。

CHAPTER ONE. HOROSCOPE 2018 SPRING&SUMMER 014

青石ひかりが鑑定する2018年上半期の12星座占い［総合編］

天秤座

［てんびんざ］ 9/23－10/22 生まれ

天秤座の2017年をふりかえる

幸運の星・木星が2017年10月10日まであなたのもとに滞在していたため、よいこともそうでないこともいつもの年より頻繁に起こり、時として「炎上キャラ」扱いされることも多かった天秤座。変化の星・天王星が対抗宮で猛威をふるっていたため、他人の思惑に丸め込まれたり、組織やグループのコロコロ変わる方針に振り回されたりしていたかもしれません。プレッシャー星・土星はコミュニケーションのハウスにあり、大切な人と音信不通になったり連絡が滞ったりしやすい状況を作ってきました。あなた自身が乗り物のトラブルに見舞われたり……ということもあったのではないでしょうか。

2018年上半期の兆候

木星はすでに抜け、土星も2017年12月にあなたにとっての安息のハウスに移動しました。普段のあなたよりも、少し地味で堅実な生き方を求められる年になりそうです。木星がいるのは所有と基盤のハウスであり、「お金の管理」ということがあなたの重要なテーマに。ここから働き方も決まってきます。

成長を促す厳しい星・土星は安息と定住のハウスにいて、「住まい」「家族」というテーマに宿題が課されることもありそう。家族のケアをするためにいくつかの活動を諦めたり、家を購入するための面倒な手続きをすることになるかもしれません。あなたはこの一年を通して、社会というものを深く知ることになるのです。

2018年上半期の運勢

年明けから土星・太陽・冥王星が安息のハウスに滞在し、家族の問題……特に「父親」に関することに多くのエネルギーを使うことが暗示されています。故郷を離れて活動していた人は、家族とともに再び暮らすことになるのかも。そこで、あなたは祖父や父が担ってきたことを継承する……ということがあるかもしれません。3月から4月にかけては、刷新の運気。古いものを捨て、荷物を減らしてフットワークを軽くする必要が出てきます。木星はあなたに十分な資金を与えているので、一時的に遠くへ冒険してみるのもいいかも。5月には、7年ぶりに天王星が移動。天王星は対人関係のハウスから秘密と遺産のハウスに移り、天秤座の「バランスのよい社交術」だけでは物足りないムードになってきます。必要な人に対しては、距離感を突破して「あなたとつながりたい」「一緒に生きたい」という意思表示をするべき。あなたにとって一番難しいことですが、ここから7年は大胆になるべき季節。特に異性運にポジティブな変化が起こるでしょう。

COLUMN

今年のトレンドを星の動きで大胆予想

2018年に起こる12のトレンド

ラッキー数字は「8」と「10」と「11」

木星が入っている蠍座の定位置である第8ハウスは、遺産と官能のハウス。「秘密」「オカルト」なども表示する8という数字が、2018年は何かとトレンドになってきそう。横にすると「∞」のマークになる8は、人と人との結びつき、特に男女の絆についてもサポートがある数字です。結婚したい人は「8」のパワーを使って。山羊座の定位置である第10ハウスは「仕事と責任」を表徴するハウス。「10」という数字はあなたに正しい責任感と道徳心を身につけさせてくれます。「11」は2018年の宿命ナンバー。この数字が示す「リーダーシップ」と「行動力」が幸運のキーになります。

CHAPTER ONE.　HOROSCOPE 2018 SPRING & SUMMER　016

青石ひかりが鑑定する２０１８年上半期の１２星座占い ［総合編］

蠍座

［さそりざ］ 10/23－11/21 生まれ

蠍座の2017年をふりかえる

「無意識と見えない敵」のハウスに木星を抱え、突発的な不安や鬱に襲われたり、ネガティブな思い込みにとらわれることが多かった2017年。シビアな試練を与える土星は2014年から財政のハウスにいて、一時的にお金が入ってくることがあっても、あなたの財産としてきちんととどまってくれなかったこともあったでしょう。10月から運気は好転してきまし

たが、長年の鬱屈がたまって、なかなかスムーズに本領発揮できなかったかも。精神面で、極端から極端に移行することが多く、いいことが起こった後に涙にくれたり、その逆のパターンも多い一年でした。

2018年上半期の兆候

既に運気は上昇気流に乗っていますが、2018年に入ると「時代があなたについてくる」感覚がプラスされてくるでしょう。アイデアが大歓迎されたり、これまでの一生懸命な生き方が大勢の見本になったり、蠍座の個性そのものが注目の的になっていきま

す。「欲しいものは、欲しいと口に出す」ストレートな態度も、これまでは微妙な反応を得ていたかもしれませんが、皆がその正直さを学ぼうとするはず。表現欲求が高まるので、しばらく裏方に徹していた蠍座も、表舞台に登場します。対人関係、パートナーシップに関しては「何が起こるかわからない」ジェットコースター状態。ドキドキするような出会いの連続です。

2018年上半期の運勢

2018年のラッキーは前半に集中。望むことがスピーディに叶い、イメージがどんどん現実化していく。年明けは、蠍座のストイックな生き方と「時間を大切にし、陰でがむしゃらに頑張る」一途さが高く評価され、次々と大きな仕事のオファーが入ってきます。愛情表現もビジネスの売り込みも、大胆かつ少しばかりドラマティックなほうが効果が出やすい時です。3月は、負けず嫌いな部分も惜しまず見せて。蠍座の「勝ちたい」「選ばれたい」という気合いに周囲も圧倒され、あなたに道を譲るはず。5月中旬、変化の星・天王星が7年ぶりに移動すると、あなたの対人関係のハウスに入宮。来るもの拒まず、去る者は必要なら追うこと。蠍座の地位を大きく上げてくれるキーパーソンとの出会いもありそう。自分を安く売らず、相手から高く買ってもらうことです。5月17日から11月13日までは長期的に火星が安息のハウスにとどまるため、この期間は再びあなたのパワーが内向するとき。つねに自分の内面と対話しながら、満足のいく選択をしていくこと。

COLUMN

今年のトレンドを星の動きで大胆予想

2018年に起こる 12のトレンド

「終活」と「妊活」が 同時に巻き起こる!?

女性が子供をもつためにさまざまな努力を行っている「妊活」は、2018年はさらにヒートしそう。都市部での少子化に焦りを感じた政府が、一大プロジェクトとして妊活を奨励することもありそうだし、一人一人の心の中から「子供こそ一番の宝」という意識が生まれてきそう。新しい妊活雑誌が創刊される可能性も。同時に、自分の人生をどう終えるかという「終活」も大いに注目を浴び、生前葬がますます増える時代に。お墓や仏壇も時代に合ったニューウェイブが登場するかも。若者世代にもお墓に興味を持つ人が増えてきそう。

CHAPTER ONE.　　HOROSCOPE 2018 SPRING & SUMMER　　018

青石ひかりが鑑定する２０１８年上半期の１２星座占い［総合編］

射手座

［いてざ］11/22－12/21 生まれ

射手座の２０１７年をふりかえる

「岩をも砕く」勢いで闘っていたかもしれません。長引く土星の試練を背負い続け、苦闘が和らぐどころかますますハードな状況になり、時には挫けそうになっていた射手座。精神面でもスタミナ面でもますます強く鍛えられ、あなたにプレッシャーや危害を与える組織や人物と対峙してきた一年でした。きつい状況の中でも耐えることができたのは、あなたを尊敬し励ましてくれる味方がいたから。美意識と正義感の強いメンバーが、あなたの孤独な闘いを陰ながら応援し、よき方向へと向かうよう水面下で動いていました。12月20日に3年間射手座にいた土星が抜けたことで、いろいろな問題がベターな方向に向き始めてきたはずです。

2018年上半期の兆候

あなたの正義が勝ち、年明けからさまざまなことが動いていきます。長年、射手座に対して不当な扱いをしてきた問題人物は、容赦なく白日の下にさらされ、報いを受けるでしょう。射手座をシリアスな気持ちにしていた問題がひとつずつクリアされ、明る

く楽観的な表情が戻ってきそうです。経済的な基盤を作るということが最も重要な課題となり、夢や理想だけを追いかけて「根無し草」のように生きてきたタイプは、ここで社会常識や大人の自覚をもって、自分の財産を蓄積し、管理していく段階に入ります。その結果、ライフスタイルが「地味」になっていくこともありそう。堅実な変化をあえて選択してください。

2018年上半期の運勢

2017年とは比較にならないほどすべての事柄が順調に進んでいきますが、幸運のクライマックスが訪れるのは2018年も終わりに近づいた11月。このタイミングで幸運のシンボルにして射手座の支配星の木星を迎えることになるため、それまでの時間はある種の準備期間orリハーサル期間に当たるかもしれません。2017年には「同朋」とのコンタクトが増え社交の輪が広がりましたが、2018年に入って「相手によっては警戒しなければ」と思うシーンも多発。対人関係は少数精鋭主義になっていきます。年明けには基盤のハウスで太陽・土星・冥王星が接近し、あなたにより安定した「リスクの少ない」アプローチを推奨。5月には7年ぶりに変化とハプニングの星・天王星が移動し、ルーティンと義務のハウスに入ります。射手座は「自分の習慣」を改善したり反省したりしながら、さらなる成熟を目指していくことになるでしょう。過去3年間で「怖いものは何もなくなった」という自信を得たあなたは、11月の大ブレイクに向けてさらなるパワーアップを重ねていくのです。

COLUMN

今年のトレンドを星の動きで大胆予想

2018年に起こる12のトレンド

9/12

アンチエイジングより「エイジング」

「若作り」が少しばかり流行遅れに見えてしまう年です。スキンケアやヘアケアによって永遠の若さを保つことが出来ても、内面まで幼稚であっては話にならない……という暗黙のコンセンサスが表面化。タレントや女優も、いつまでも若作りキャラを続けている人はバッシング傾向に。「年相応」「しなやかなおばちゃん化」が好感度高し。「いいおばちゃんになるため」の指南ブックがベストセラーになるかも。おばちゃんアイテムであるダサいファッションが、一周回って「おしゃれ」になることも。男性にとっても「かっこいい歳の取り方」が課題となります。

CHAPTER ONE.　　　HOROSCOPE 2018 SPRING&SUMMER　　　020

青石ひかりが鑑定する2018年上半期の12星座占い ［総合編］

［やぎざ］ 12/22−1/19 生まれ

山羊座の2017年をふりかえる

極端な幸運と不運のジェットコースターに乗り続け、普通の人には克服するのが難しい局面も精神の力だけで乗り越えてきたあなた。2017年は山羊座の地位が飛躍的に上がり、責任や労働量も増えた期間でした。あなたのステイタスアップは、それぞれの生き方によって違う現れ方をしたはずですが、そこで「キープしなければならない」「失ってはいけない」と思う大切なものが生まれたことだけは確かでしょう。

そこであなたはますます忍耐強くなり、不満を言わなくなり、「努力の人」に徹したはず。ひとつのことを克服したと思った瞬間、次の大きな「現実の壁」が現れ、それでもあなたは臆することなく突き進んできました。

2018年上半期の兆候

山羊座の支配星にして忍耐と労働の惑星・土星が2017年12月下旬からあなたのもとにいます。自分の長所と短所に向き合って、改善できるところはさらに厳密に改め、良いところは「より現実に役立つように」発展させていく季節。それと同時に、無駄な枝葉を刈り取って、本質だけを残して磨いていく時

でもあります。時間の無駄をカットし、浪費やエネルギーの消費もなくし、合理性を磨いていきましょう。拡大発展の星・木星はコミュニティのハウスを進行中。あなたが「猛勉強」しているときに仲間になったメンバーが、心強い応援をしてくれます。自分に対していっそう厳しくなる年、志の高い仲間との時間はあなたをリラックスさせ、勇気づけてくれます。

2018年上半期の運勢

年明けから、山羊座に太陽・土星・冥王星が集合し、山羊座のカリスマ的な威力が拡大します。周囲に対する影響力が大きくなり、ファンや支持者も増えていきそう。「成し遂げるためには何事もやってのける」という強い決意が、動かないと思われていた山を動かすことも出来るときです。自分に厳しすぎる、と周囲から心配されることも多くなりそうですが、もともとが皆の頑張りとあなたの頑張りではレベルが違うのです。春頃まで、人気運と仕事への意欲は継続的に上昇を続けていきます。5月に入ると変化と改革の星・天王星が創造のハウスに入り、今後約7年にわたって山羊座の仕事運に影響を与えていきます。地位や名誉に直結する仕事以上に、自分自身の喜びや成長につながる仕事を求めたくなり、ある程度のポジションに昇りつめた後に「少し自由な気分で自分を表してみたい」と今までとは違ったことを始めるのかもしれません。趣味から発展したサイドビジネスなどは、意外と実益にも結び付きそう。現実の法則をよく知るあなただからこそ、そこに適度な「夢」や「童心」を盛り込むことで、新しい稼ぎ方を発見していけるのです。

COLUMN

今年のトレンドを星の動きで大胆予想

2018年に起こる 12のトレンド

節度を守ることで「宴会」がリバイバル！

お酒を飲まない若者たちが増えている一方で、「お酒を介した昔ながらのコミュニケーション」の価値も大きく謳われるときです。無謀な飲み方をしなければ、お酒の席で打ち解け合うことは今も昔も画期的なセレモニー。「飲ませ過ぎない」「無理をさせない」というルールを確立し、宴会は新しい時代のトレンドになっていくはず。「幹事としての力量」「ホステスやホストとしての気配り」も大いに実社会の実践能力となります。ノンアルコールor低アルコールだけど宴会にふさわしいドリンクの開発なども進みそう。自家製のお酒もリバイバルの兆し。

CHAPTER ONE.　　HOROSCOPE 2018 SPRING & SUMMER　　022

青石ひかりが鑑定する２０１８年上半期の１２星座占い［総合編］

水瓶座

［みずがめざ］1/20－2/18 生まれ

水瓶座の2017年をふりかえる

自分の生き方やキャリアに関しての理想がますます高くなり、夢を夢で終わらせないために現実的な努力をたくさん行った水瓶座。それまでの積み重ねを糧にして、ワンランクもツーランクも上のキャリアアップを果たした人もいたはず。飛躍の一年でしたが、大きな疲労感も残ったかもしれません。コミュニティのハウスにいた土星は、かつての仲間とあなたの間に溝を作り、仲良くワイワイやっていたメンバーとは疎遠になったり、最悪の場合トラブルの末に絶交に至ってしまったことも。パワーは得たけれど「孤高の人」になってしまい、心許せる相手は限られてしまったかもしれません。

2018年上半期の兆候

2017年末に土星が移動し、仲間たちとのトラブルは終了。もともと、共通の志をもつ見知らぬ相手と仲良くなるのがうまい水瓶座。さらにハイレベルな新しいメンバーとともに、良質な協調関係を築けるようになっていきます。木星はキャリアと重責ハウスにいて、まだまだあなたのサクセスストーリーは続

きそう。2018年はいつも以上に「自分がユニークであること」「他の人には代理ができない唯一の仕事人であること」を実感するはずです。住居に関しては、予想外の転居があるかも。7年間続いたライフスタイルが変化するタイミングの年です。

2018年上半期の運勢

奇跡を起こすシーズンです。ファンタジーが現実になり、地上から楽園へ飛び立てるときがやってきました。もちろん、ここに至るまでの根拠はあります。2011年頃からあなたがひたむきになって取り組んできたことが評価され、事業が拡大していくタイミングが到来しているのです。年明けから、ミラクルの兆候は複数見られるでしょう。「遠くまで届くアイデア」「みんなを幸せにするアクション」をつねに心掛けて。年度が変わる3、4月にかけて、あなたのポジションが具体的に変わることが起こりやすくなっています。物怖じせず、信頼されている事実を引き受けて。5月中旬には、水瓶座の支配星である天王星が約7年ぶりに移動。「安息と定住」のハウスに入り、ライフスタイルが大きく変わっていきます。プレッシャー星・土星は「無意識と見えない敵のハウス」に滞在。水瓶座の直観はより強くなる一方で、頻繁に起こる「情勢の変化」に機敏に反応していく能力も問われます。目に見えるものだけでない「気配」や「兆候」が見える水瓶座だからこそ、特殊なセンサーを生かしてリスクを回避したり、競合相手のいないエメラルド・オーシャン・ビジネスを開拓できるはず。チャンスは無限大です。

COLUMN

今年のトレンドを星の動きで大胆予想

2018年に起こる 12のトレンド

ストーリーのある「リサイクル」がおしゃれ

空き缶など廃物利用のアクセサリーやバッグ、古着をリフォームした衣類など「再び生き返った」ファッションアイテムが人気に。新品より高価なリサイクル・ブランドが登場するかも。軍服や制服のリフォームにもフォーカスが。「かつてどのように着られていたのか」というストーリーがファッションとつながります。レトロなデッドストックアイテムも引き続き人気。リアルな動物の絵が描かれているシャツやトレーナーのような、ちょっとぎょっとするようなアイテムもトレンドに。着物のリサイクル、古着のブームもじわじわと高まっていきそう。

CHAPTER ONE.　　HOROSCOPE 2018 SPRING & SUMMER　　024

青石ひかりが鑑定する2018年上半期の12星座占い ［総合編］

［うおざ］ 2/19－3/20 生まれ

魚座の2017年をふりかえる

キャリアと重責のハウスに滞在していた土星のプレッシャーが最高潮に達し「やりぬかねば先へ進めない」大きな課題を抱えていた魚座。目標達成のための長期的なプランを立てて進めてきたにもかかわらず、仲間が途中で抜けたり、「身内」と信じていた相手から予想外の裏切りにあった人もいたかもしれません。ポーカーフェイスを貫かなければならない場所で、感情的になってしまったり、秘密や重要事項の取り扱いに関してミスをしてしまったり……というトラブルも多発しやすい時期でした。それでもあなたは人気者として皆から応援され、10月10日以降、大きなサクセスやラッキーニュースが続々と舞い込んできたのではないでしょうか？

2018年上半期の兆候

幸運の惑星であり、魚座の副支配星である木星が理想のハウスにあり、あなたは大きな自由と「旅をする権利」を手に入れています。アイデアや創作意欲は去年の秋ごろから一層高まり、それをバックアップしてくれる人材にも恵まれつつあります。コミュニティのハウスを進行中の土星は、あなたと一緒に仕事をするメン

バーが変化し続けることを暗示していますが、あなた自身が段階的にレベルアップしていることの表れだと思ってOK。年明け早々、再び「仲間の大々的な入れ替わり」を予想させる星巡りとなりますが、感傷的にならず目的だけを見つめて。去っていく者に対しても、怒りではなくいたわりの言葉を向けること。

2018年上半期の運勢

一言で言うなら「ハイテンション」。この期間、あなたはこれまでに乗り越えてきた時間を糧にして、「心からやりたいこと」「自分とみんなの大きな幸福につながること」を追究していきます。小規模なプランは年内、規模の大きいものは2020年を目処に完成させる予定を立ててみると、具体的なアクションが見つかりやすいでしょう。2月から3月にかけては闘争心と迷いが同時に沸き起こり、葛藤も起こりますが、3月末から4月にかけて明るい兆しが訪れ、そこで新たなる体制が整えられていきます。魚座がリーダーシップを取り、みんなを善き方向に感化していく役を演じることになるでしょう。5月には約7年ぶりに変化の星・天王星が移動。魚座にとって友情とコミュニケーションのハウスに入ります。友達の数が急激に増え、仕事ではあなたが抱えるスタッフの数が激増する可能性が。コミュニケーションのスタイルも変化し、現場で一緒に活動する形から、あなたが遠隔から支持をする形に変わったり、友情関係も「顔を合わせたこともないけれどいつでも応援してくれる」友人が増えていく暗示が出ています。12星座の最先端をいく魚座の、超越的な人間力が発揮できる季節です。

COLUMN

今年のトレンドを星の動きで大胆予想

2018年に起こる 12のトレンド

「手作り」 アイテムに和む

型紙を自分で切って作るソーイングから、高度な編み物やパッチワークまで「ホームメイド」の衣類が人気に。忍耐強く「ゼロから作る」という行為に脚光が当たります。ミシンや編み機が再び売れることも。手提げから布団カバー、コートなどのアウターまで、既製品ではないファッションが「イケてる」時代に。毛糸で編み物をしたり、レース編みができたり、ということが高度な女子力をシンボライズするものになっていきます。「おばあちゃんの秘伝」のような手芸も人気。世界各国の伝統の編み物、縫物がベストセラーになる可能性もあり。マニアックな人は、布を織ったり染めたりするところから始めるかもしれません。

西洋占星術研究家・青石ひかりが見る、
2018年の「ブルー」の意味

"宇宙の色、海の色、高貴な色、人類の色"

　ブルーを表す名前は他のどの色にもまして多彩さに富んでいる。スカイ・ブルー、マリン・ブルー、インディゴ・ブルー、ロイヤル・ブルー、トルコ・ブルー、ペール・ブルー、セピア・ブルー、セルリアン・ブルー、コバルト・ブルー、プルシャン・ブルー……。

　寒色のベースカラーであるブルーは「ノーブルさ」や「貴族性」と結び付けられることが多い。英国の元首相で、"鉄の女"マーガレット・サッチャーは、ロイヤル・ブルーの服をトレード・マークにして成功し、赤のスーツを着始めたときから政局が悪化した（偶然？）。故ダイアナ妃も公式の席で頻繁にブルーのドレスをまとった。黄金色の髪の毛と鮮やかなブルーはよく似合う。若々しく華やかなブルーは間違いなく淑女の色だ。

　その一方で、青は庶民の色、労働者の色でもある。アメリカでは、19世紀のゴールド・ラッシュの時代に、鉱夫の作業着としてブルー・ジーンズが採用された。銅リベットでポケットの両脇を補強した最初のジーンズは鉱夫たちにも人気だったという。

　20世紀に入ってブルー・ジーンズはアイコンになる。1955年にジェームス・ディーンが映画『理由なき反抗』で履いたブルー・ジーンズが爆発的人気となり、彼に憧れたアメリカの若者たちはこぞって履くようになった。反抗的な若者のシンボルとして、アメリカではジーンズを履くことを禁止した学校もあったという。

　モードの世界では、ブルー・ジーンズは賛否両論だった。あるデザイナーは、ジーンズはモードのエレガンスを破壊したと言い、イヴ・サンローランは「究極のエレガンスだ」と手放しで賞賛した。サンローランの審美眼の正しさが証明されるまでに、時間はかからなかった。ハリウッド・セレブもティーンエイジャーも同じものを着て「かっこいい」と感じられることが、モードの革命だったのだ。

　スピリチュアルの世界においてブルーは、第5チャクラ（青）と第6チャクラ（濃紺）の色で、表現力をつかさどる第5チャクラは喉元、理解力をつかさどる第6チャクラは額の部分にあたる。生命力や生殖力を表すベース・チャクラが赤であるのに対して、精神的なパワーを表す首から上のチャクラが青であるのは象徴的だ。肉体が赤なら、精神は青。五感の欲望や自己保存の危機感を超えたところに青という色はある。

　2018年は人々の意識が再び肉体や現実に向きやすい年で、人類が大きなジャンプを果たすための準備期間のような季節となる。ブルーはかつてないほど自由と寛大さのシンボル・カラーとなり、楽しさや癒し、音楽とストリートカルチャー、精神の気高さを表現する色になる。青は空の色、海の色、宇宙の色でもある。心を窮屈な場所から解き放つために、人間の魂の故郷の色であるブルーを着て、街へ出かけよう。

CHAPTER THREE. BLUE LAB × CREATOR 028

そのコーディネートの運勢は?
青石ひかりによる BLUE LAB 占い ［人物編］
powered by ONWARD "BLUE LAB"

01
Chie Morimoto
Art Director

BLUE LAB × CREATOR　　　　　　　　　　CHAPTER THREE.

PROFILE：アートディレクター／武蔵野美術大学 視覚伝達デザイン学科を経て博報堂に入社し、数々の広告や空間まで幅広いクリエイティブを手がける。2007年株式会社goen°を設立。現在、一児の母として、ますます勢力的に活動の幅を広げている。

photo : KAZUHO MARUO (KiKi)
make-up : SHIHO HATTORI (BEAUTRIUM)
interview&text : YUKIHISA TAKEI (honeyee.com)

森本千絵（アートディレクター）
1976年4月26日生まれ［牡牛座］

「ブルーのものは、服の生地みたいに
"呼吸"していて欲しい」

広告やパッケージデザイン、CDジャケットのアートワークや映像などで数々の作品を手がけ、広告クリエイティブ界において常に注目を集めるアートディレクターの森本千絵さん。女性らしい感性が創作にも活かされている森本さんは、ファッションの世界でもひっぱりだこで、今回の取材で着用したオンワードの［シェアパーク］もその立ち上げから携わり、コンセプトメイクなども手がけられています。ご本人も大のファッション好き。その爽やかな笑顔にもマッチする、自然体で華やかさもあるスタイルは、多くの働く女性の憧れにもなっています。

「私はその日にある出来事やイベントに合わせてコロコロ服装を変えるんです。特にプレゼンの時は、その提案内容によって服装も考えます。お客さんの前で提案する私自身が、プレゼン内容の"背景の一部"になるようにしているんです」。

今回の取材で森本さんがセレクトしたのは、［シェアパーク］のざっくりとしたブルーのニットとロング丈デニムスカート。そこに自ら赤いチェックのヘアバンドや小物、そしてブルーが効いたブーツを合わせて撮影に臨んでいただきました。コーディネートのポイントをお聞きすると、実はここにもアートディレクターらしい発想があったことが判明。「今日の取材が私の事務所の室内と聞いていたので、写り込む物が多い中でも服が主役に見えるようなものを選びました。外ロケだったら別のものを選んだかも」。

普段ブルーのアイテムやデニムを着ることは？とお尋ねすると、ここでも森本さんらしい"ブルー観"が。「ここぞ、という企画書を書いている時ほどブルーを着ている気がします。落ち着くし、作業に集中できるんです。人と会う時も、発色の強い色よりもブルーが多い。私は自分の中身や考えをブレないようにしたいので、むしろ"自分の外側"は柔らかくしておきたいんです。"強くて硬い色"は壊れやすい気がして。青

って合わせる色によって変動する色なんです。例えば"濃い青"でも"薄い青"でも、隣にある色で濃淡の感じ方が変わったりするので、それも私がブルー好きな理由のひとつかも」。

森本さんにも好きなブルーと苦手なブルーがあるといいます。「いわゆるプラスチックっぽい素材のものが、バキッとした青なのは苦手。ブルーのものは、服の生地みたいに"呼吸"していて欲しいんです。私が好きなのはブルーグレーとか、人によってはグリーンに近く感じるピーコックグリーンのようなブルー。カラーチャートの境界にあるような、曖昧なブルーは全部好きですね。空の色や海の色もいつも固定していなくて、時間や気候によって変化する。そういう変化が楽しめるのも青の魅力なんです」。

森本さんが本当に似合うブルーとは？
青石ひかりが鑑定する、
森本千絵さんの2018年の運勢

太陽サインは「のんびりマイペース」な牡牛座にある森本さん。ラッキー星・木星と太陽は吉角をとり、穏やかでフェミニンな魅力を放つ一方、双子座に集まっている金星・火星・土星はいずれも冥王星・天王星とハードに刺激し合っていて、星同士の活発なダイアローグが行われています。森本さんの頭の中では、常にふたつのパワーが感電しあったような電気的なコラボレーションが行われているのです。あるとき急に「芸風」が激変することがありますが、天王星が84年ぶりに牡牛座に帰ってくるこの時期は、まさに森本さんにとっての「魂の転換期」。長年手離さないでいた「古い宝物」はそろそろ手放すタイミングです。自分にとって欲しいものだけを求め、行きたいところだけに行くこの季節、コンパクトサイズのブルーのトランクに、シンプルなデニムだけを詰めて遠出するのもこの時期の牡牛座にふさわしい選択なのです。

ジャケット［JKLTYS0013］¥10,692（SHARE PARK/LADY'S）
ニット［KRMJYS0005］¥8,532（SHARE PARK/MEN'S）
スカート［SKLTYM0019］¥8,532（SHARE PARK/LADY'S）
※その他は森本さん私物

オンワード樫山 お客様相談室 TEL 0120-586-300／オンワード・クローゼット crosset.onward.co.jp

CHAPTER THREE.   BLUE LAB × CREATOR   030

青石ひかりによるBLUE LAB占い［人物編］
powered by ONWARD "BLUE LAB"

02
Yoshitaka Haba
Book Director

BLUE LAB × CREATOR   CHAPTER THREE.

PROFILE：ブックディレクター／有限会社
BACH代表。未知なる本を手にする機会をつ
くるため、本屋と異業種を結びつける売場や
ライブラリーの制作をしている。その活動範囲
は本の居場所と共に多岐にわたり、編集、執
筆も手掛けている。早稲田大学、愛知県立芸
術大学非常勤講師。 www.bach-inc.com

幅允孝 （ブックディレクター）

1976年8月7日生まれ［獅子座］

「ブルーで選書するのも
面白くなりそうですね」

photo：KIYOTAKA HAMAMURA
interview&text：YUKIHISA TAKEI(honeyee.com)

　「選書集団」そして「ブックディレクター」という新
しい分野を切り拓いた、有限会社BACHの代表・
幅允孝さん。古書から最新刊に至るまで、本という
無限のフィールドの中から、企業や公共施設に合わ
せて選書をするお仕事は注目を集め、これまでも
数々のメディアで紹介されてきました。幅さんのお仕
事が大企業や公共施設でも高く評価される理由は、
その依頼者にインタビューを重ね、膨大な知見の中
から1冊1冊意味のある選書をする姿勢にあります。
また、文学のみならず、アートやファッションにも造詣
の深い幅さんは、ファッション業界とも繋がりを持っ
ており、ご自身もファッションに対しては高い意識を
お持ちです。

　「僕はまず、『物を選ぶ』という行為自体が好きなん
ですね。まだ物に対する執着があるというか、解脱し
ていないというか（笑）。ただ、選ぶ時は直感です。服
はあくまで手に取って、試着してから買いますし、自分
で身に着けていて楽しいものを選んでいます。そうい
う類の本はたくさんありますけど、"男が選ぶ一流品"
みたいな買い方はしません。根が天邪鬼なもので」。

　デニムに関しては、1990年代のヴィンテージ・ブ
ームの反動を受けて、あまり積極的には買わなくなっ
たそう。「90年代にストリートファッション雑誌の洗礼
を受けていたのですが、やたら高かったり、『ジーンズ
穿いて風呂に入って色落ちさせる』みたいなのを真
に受けてやったら、あんまりいい結果にならなくて
（笑）。なので、少しデニムにはトラウマがあるんです。
25年ほど前に『アサヒグラフ増刊号』で特集されて
いたコム デ ギャルソンの川久保玲さんに衝撃を受
けてファッションに目覚めたこともあって、あまり"アメ
リカン"なファッションは追い求めて来なかったんです
よね。好きな服が結果としてデニム素材だった、とい
うことは結構あるんですけど」。

　今回、ブックセレクターである幅さんに、「もしBLU

E LABで選書を依頼されたら？」と投げかけてみまし
た。「青と聞いてまず思い浮かぶのは、アートであれ
ば画家のイヴ・クラインですね。あの人の青に対す
る狂気は面白いと思います。あとは韓国人の現代美
術家、李禹煥（リ・ウーファン）の作品。彼のいた『も
の派』の運動のことを勉強中です。写真集であれば、
リチャード・ミスラックの『ON THE BEACH』。大判
の写真集で、広い美しい海を空中から撮影していて、
そこにポツンと人がいるんです。あとはホンマタカシさ
んの『NEW WAVES』もいいですね。いくつもバー
ジョンが出ていますけど、ひとつとして同じ波はない。
ブルーで選書をするのも、面白くなりそうですね」。

幅さんが本当に似合うブルーとは？
青石ひかりが鑑定する、
幅允孝さんの2018年の運勢

　獅子座の太陽と土星がほぼ軌道上で重なった日に
誕生しているので、かなりのハードワーカーな幅さん。
牡牛座の木星以外はすべてプライベートのエリアに
いて、「人生で必要なことはほとんど家の中で起こ
る」タイプ。自分のお店やサロン、私塾を構えること
に大きな適性があります。乙女座の金星と火星、天
秤座の冥王星、蠍座の天王星、射手座の海王星な
ど秋のサインにインパクトの強い星があり、「一度こ
だわりだすと止まらなくなるタイプ」ですが、社会のエ
リアにある木星のパワーを使って、大きな転換のブ
レイクスルーを作ることも可能。好みのブルーは青
銅に近い渋いブルーなのでは。古い絵画に使われ
ているラピスラズリの顔料の青も好みなはず。海外
に出かけるたびに新しいブルーを捕獲してきそう。
2018年はさまざまなヴィンテージのデニムとともに、
心の旅を楽しみたいものです。

パンツ［PPGOYM0304］¥20,520（五大陸）
サスペンダー［ZZ1AYM0827］¥12,960（五大陸）※その他は幅さん私物
オンワード樫山 お客様相談室 TEL 0120-586-300／オンワード・クローゼット crosset.onward.co.jp

CHAPTER THREE.　　BLUE LAB × CREATOR　　032

03
Yuta Kaji
Stylist

ジャケット [JROVYM0205] ￥52,920（J.PRESS/MEN'S）※その他は梶さん私物
オンワード樫山 お客様相談室 TEL 0120-586-300／オンワード・クローゼット crosset.onward.co.jp

梶 雄 太（スタイリスト）
1974年9月18日生まれ［乙女座］

「海が好きだから、
青も好きなのかな」

　1990年代後半から第一線で活躍しているスタイリストの梶雄太さんは、ファッション誌をはじめ、俳優やミュージシャンなどのスタイリング、そして最近では自ら写真を撮ってファッションブランドのカタログを手がけるなど、スタイリストの範疇に収まらないお仕事でも知られています。普段からカジュアルなスタイルが多い梶さんは、デニムを着ることも多く、その気取らないスタイルは、メディアに取り上げられることもしばしば。「言われてみればって感じですけど、デニムを着ていることは多いので、一応"デニム派"かもしれないですね。でも、僕はそんなに何も考えていないですよ。自分に似合うと思うものを着ているだけ。あんまり深く考えてもロクなことがないから（笑）」。今回の取材時のコーディネートも、[J.PRESS]のブルゾンに、普段のデニムパンツとキャップを合わせての登場。全体的にブルーでまとめたシンプルなコーディネートです。「デニムもそうですけど、ブルーとか紺色の服は多いですね。青が好きなのは何でだろう。あ、多分子供の頃からトイレのマークが青いことが多いんで、男＝ブルーって勝手に思ってきたからかもしれないです。それから海が好きなせいもあるかな。最近サーフィンには行けていないけど、撮影っていうと海でロケしたくなるタイプなので！」。

梶さんが本当に似合うブルーとは？
青石ひかりが鑑定する、梶雄太さんの2018年の運勢

太陽星座は乙女座ですが、ホロスコープには天秤座の星が5つもあり、そのうちの3つの星、月・水星・天王星はすべて蟹座の土星とスクエアを作っています。そのため性格は天秤座の特質が強く、美意識がとても高く、エレガントなセンスを持つ梶さんです。ブルーに関しては色々な切り札を持っていて、みんなが考えつかなかったブルーの「斬新な魅せ方」を提案できる人。赤よりは断然、ブルー派。一方でピンクにも独特の感受性があり、ブルーの差し色にピンクを使うテクニックなども持っています。ブルーは「ホーム」の色なので、そこから色々冒険していくと多彩な生き方が広がります。乙女座の性格の常で、「影武者になってみんなの役に立ちたい」と思うことが多いのですが、2018年は久々に巡って来る乙女座の活躍期。鮮やかなロイヤルブルーのアウターで主役を演じてみては？

PROFILE：スタイリスト／1998年よりスタイリストとして活動開始。ファッション誌、テレビの他、広告や映画など活動の場を広げている。俳優、女優をはじめ、性別・世代を越え、オリジナリティ溢れるスタイリングはファッション界、音楽界からも絶大なる支持を受けている。

photo : KIYOTAKA HAMAMURA
interview&text : YUKIHISA TAKEI（honeyee.com）

Licaxxx (DJ/アーティスト)
1991年12月25日生まれ［山羊座］

「音楽とファッションに同じくらいお金を遣っています」

パンツ［PRCWYS0010］¥22,680（BEIGE,）※その他はLicaxxxさん私物
オンワード樫山 お客様相談室 TEL 0120-586-300／オンワード・クローゼット crosset.onward.co.jp

90年代生まれの新世代DJとして注目を集めているLicaxxx（リカックス）さんは、モデルのようなルックスでありながら、音楽に対する深い愛情と高い見識で、DJだけでなくビートメーカー、ライター、ラジオパーソナリティなど、音楽のフィールドで幅広く活躍されています。そして音楽だけでなく、大のファッション好き。「最近は音楽とファッションに同じくらいお金を遣っている」ということもあり、今回のセルフコーディネートでもLicaxxxさんらしいセンスを垣間見ることができます。「DJを始めた19歳くらいから、ファッションにも目覚めました。昔はそんなに"ブランド"みたいな買い方じゃなくて、好きな古着を着ているくらいでしたけど、最近はランウェイのルックをチェックしたりして、好きなブランドの服は追いかけるようになりましたね。特に好きなのは、音楽やカルチャーを大切にしているデザイナーさんが創っている服。でもお金も無限にあるわけじゃないので、レコードも服も厳選して買うようにしています」。

そんなLicaxxxさんのデニム選びは、少しリラックスしたタイプのものが多いそう。「ダメージが入っているものも好きですけど、主に選ぶのは薄めのブルーです。あとはサイズ感。自分の中で肩肘を張っていないものを選ぶようになってきていますね」。

PROFILE：DJ、アーティスト／慶応義塾大学総合政策学部卒。DJを軸に、ビートメーカー、エディター、ライター、ラジオパーソナリティなど、音楽にまつわる様々な活動を行う新世代のマルチアーティスト。

photo：KIYOTAKA HAMAMURA
interview&text：YUKIHISA TAKEI (honeyee.com)

Licaxxxさんが本当に似合うブルーとは？
青石ひかりが鑑定する、Licaxxxさんの2018年の運勢

太陽と海王星が軌道上で接近した日に生まれた「天然アイドル」。天王星も太陽と接近していることも加わって、カリスマ的な「厳かさ」も感じさせるLicaxxxさん。メインの星の集合の相が山羊座で起こっていることに注目で、誰が何を言っても自分の意志で決め、我が道を物怖じせずに突き進んでいく、ベンチャー企業家のような人です。「何としてでもやりとげる」強靭な意志力を持っており、現実をよく見て、自分の居場所をしっかりと確保していける人でもあります。ホロスコープにオポジション相がひとつもないのも個性的。何度凹むようなことがあっても、絶対にへこたれない「鈍感力」にも近いメンタル・パワーがあります。2018年は土星の影響で課題が山積みの年。深いミッドナイトブルーのボトムスや、元気に見せてくれるAラインのデニムコートは、毎日を勇気づけてくれる開運アイテムです。

CHAPTER FOUR. BLUE LAB ITEMS 034

あなたに似合うブルーのアイテムは？
青石ひかりによるBLUE LAB占い
[12星座編]

powered by ONWARD "BLUE LAB"
illustration : STOMACHACHE.

ファッションにおける人気定番カラーであるブルー。では今のあなたにとって、ブルーがもたらすものや、その意味とは？ ブルーをもとに占った2018年上半期。青石ひかりが、オンワードの新プロジェクト"BLUE LAB"のアイテムを、似合う星座別に振り分けているので、あなたに似合うラッキーアイテムを探してください。

※「ブルー指数」は、占いをもとに青石ひかりが割り出した、今のあなたに「ブルーがフィットする度合い」です。

CATEGORY

牡羊座

[おひつじざ] 3/21－4/19生まれ

IMAGE

POINT

ブルー指数

61%

[11位]

WORD

[シンボルカラー]

レッドとオレンジ

[牡羊座の4つのキーワード]

休息　ホリデー
平和な精神　ヘルシー

COMMENTARY

「デニムのアイテムは、
あなたを家庭的にする」

根っから明るい心を持ち、燃えるようなエネルギーとサバイバル能力をもつ牡羊座。みんなが「苦しい」と不満をもらしたり、疲れ果てて意気消沈している時も、あなただけが嘘のように元気でいた……ということはありませんか？ 溢れ出すポジティブ・マインドと光り輝くオーラは、12星座のスターターらしいハイテンションな個性を放っています。燃えるような赤や橙色は、牡羊座の戦闘パワーを応援し、誰よりも強い存在にしてくれる「本能の色」です。

2018年の牡羊座は、多忙な7年間のサイクルを終えて「ほっと一息」つくタイミングに。2011年3月に天王星があなたのもとに入って以来、牡羊座はみんなをびっくりさせるような個性で刺激し、あれよあれよと人気者になり、大きな地位を築いてきました。7年前と今を比べて「こんな生き方をしていると思わなかった！」と驚いている人もいるかも。5月に天王星が抜けると、あなたの人生はぐっと落ち着き、平常心が戻ってきます。自分の地位を定着させ、平和をキープしていく段階に入るので、戦闘的な赤だけでは足りません。共感と同情のブルーは、あなたの世界を倍に広げ、無駄な戦いをなくしてくれるはずです。デニムのアイテムは、あなたを家庭的にし、時間をかけてクッキングやソーイングをする楽しみを見つけさせてくれるはず。無頓着だった健康も、ブルーのベッドリネンを選ぶことで改善。巡りの良い健やかな体を作ることができます。

035　BLUE LAB ITEMS　CHAPTER FOUR.

牡羊座

item no.01

SONIA RYKIEL COLLECTION
DENIM JACKET

ベーシックアイテムのＧジャンを、ホワイトステッチを効かすことで、上品で大人らしいカジュアルなアイテムに昇華。少し大きめの襟やスクエアなシルエットでクラシックな雰囲気に。
[JKWYYM0240] ¥31,320

From AOISHI
開放的でアクティブなデニムジャケットは、行動的な牡羊座らしい一着

item no.02

JOSEPH ABBOUD
JOE COTTON COATING CROSS COAT

春夏らしいシャンブレーコートをオリジナルのオーガニックコットン"JOE COTTON"を用いて製作。"JOE COTTON"の持つ優しくきれいな表情とほのかなラフ感がポイント。コーティングを施すことで、ハリ感も演出。シンプルなステンカラーコートのデザインは幅広いスタイリングにぴったりです。
[CCJLYM0205] ¥63,720

From AOISHI
早起き好きな牡羊座がデイリー使いできる「ジミ派手」な通勤着

牡羊座

item no.03
JOSEPH HOMME
AIR STRETCH
DENIM JACKET

ミラクルエアーという特殊な中空糸を使うことで、デニムとは思えない非常に軽量でしなやかな着心地を実現。タテ糸にインディゴを使用しているため、洗いによる当たり感を出したカジュアルな印象。同素材のパンツとセットアップで着るのが◎。
[JRJHYS0003] ¥44,280

From AOISHI
「フォーマルさにスイッチを入れる」、牡羊座の男の勝負服として

item no.04
23区
DENIM SKIRT

Aries

ミディ丈でストレートシルエットのスカート。きれいめな素材感と表地同色のステッチカラー、すっきりとしたディテールでカジュアルすぎない雰囲気を出しつつも、ステッチワークでデニムらしさも取り入れています。
[SKWOYS6204] ¥19,440

From AOISHI
ステッチ使いも手伝って、牡羊座本来のユーモアが出せるスカート

牡羊座

item no.06
五大陸
STRETCH DENIM PANTS

J.PRESSの定番アイテムである普遍的なAラインが美しいバルマカーンコートをアップデート。インディゴ染めに比べて色落ちしにくいデニム素材を採用。デニム裏面にはボンディング加工が施され、通常のデニムとは異なるハリ感や防寒性を高めている。
[CCOVYM0205] ¥63,720

細身できれいなシルエットを実現した大人のストレッチデニムパンツ。世界でも有名なデニム産地である岡山で原料、紡績、加工まで作られた風合いのあるデニム素材です。7オンスの春夏用ストレッチデニムを使用。
[PPGOYM0302] ¥20,520

> From AOISHI
> ベーシック好きな牡羊座が、「初心に帰りたくなった」時に

> From AOISHI
> 牡羊座がクリエイティブな気分の時に穿きたいシルエットのパンツ

item no.05
J.PRESS
(MEN'S)
BALMACAAN COAT

item no.07
組曲BAG
CRESSON

トレンドでもあるワンハンドルのハーフショルダー型バッグ。濃いめのデニムカラーにホワイトの配色が効果的。斜め掛けもできるロングショルダー付2WAYタイプで、本体素材は色が落ちにくい日本製のコットンポリエステルのデニム調生地を使用しています。
[BOGWYM0205] ¥16,200

> From AOISHI
> さっぱりタイプの牡羊座が「とりあえず詰め込む」バッグ

Aries

CHAPTER FOUR.　　BLUE LAB ITEMS　　038

青石ひかりによるBLUE LAB占い［12星座編］
powered by ONWARD "BLUE LAB"

CATEGORY

牡牛座

［おうしざ］4/20－5/20 生まれ

IMAGE

POINT

ブルー指数

69%

［9位］

WORD

［シンボルカラー］

ローズピンク

［牡牛座の4つのキーワード］

COMMENTARY

「ブルーの力を借りて、
社交的でオープンマインドな気分に」

美とアートの星・金星を守護星にもつ牡牛座はファッションが大好き。質感や肌触りに対するこだわりは他の星座の比ではなく、良質なシルクのテクスチャーをこよなく愛する快楽主義者です。高級ツイードなどの素材にも目が効くので、中にはブランドマニアもいるはず。五感を満たすものに関心が強く、インテリアやグルメにも詳しい「美」のマニアです。華やかなローズピンクやプラムピンクを好む人が多く、ロマンティックな花柄やゴブラン織りもよく似合います。

自分で決めたライフスタイルや好みに関しては、頑固なほどにそれを貫き、簡単に他人のアドバイスを取り入れることはないあなた。2018年は久々に変化の星・天王星が牡牛座に入り、長らく「変化することを拒んでいた」牡牛座が、何らかの形で変わらずにはいられない年になります。前回、牡牛座に天王星が入ったのは世界恐慌の直後で「お金」に対する価値が激動しました。牡牛座にとって特に大事なものは「お金」であり、2018年はお金の稼ぎ方や、価値観そのものが激変する可能性があります。暖色系の色が物質の世界を表すとしたら、寒色系の色は精神世界を表します。牡牛座がこの先、長期的にサバイブしていくために取り入れたい色が、ブルーなのです。デニムはまさに今年のあなたのためにあるアイテム。ダイエットを諦めていた牡牛座は、昔のジーンズを履くために体形を元に戻してみては？内向的になりやすいタイプは特に、ブルーの力を借りて。社交的でオープンマインドな気分をもたらしてくれます。

牡 牛 座

クラシカルでヴィンテージな雰囲気を出すため、ウエスト部分を少しシャープにし、襟もやや大きめのディテールにしたデニムジャケット。レングスは長めなので女性らしい雰囲気を楽しめます。
[JKWOYS0203] ¥27,000

item no.01
23区
DENIM JACKET

From AOISHI
「物持ちの良い」、
牡牛座のスローライフに
ぴったりなジャケット

Taurus

item no.02
SONIA RYKIEL COLLECTION
2WAY DENIM JEANS

ソニアでは定番のスキニーデニムの最新作。"CONE DENIM"社のS.GENE®で実現したハイブリッド構造のストレッチデニムを採用。タテとヨコに伸びるので、ほどよいホールド感とキックバック性の高さもポイント。レーザー加工で施した柄やワンポイントのハート型の刺しゅうも付いています。
[PRWYYM0320] ¥22,680

From AOISHI
「内に籠りやすい」
牡牛座がアクティブになる
今年のための一本

牡牛座

item no.03
組曲
KEEP INDIGO DENIM BUSTIER

色落ちしない特殊なデニム素材を用いたビスチェ。ストレッチが入っているので着心地も抜群。ステッチカラーを生地と同色にしているのでカジュアルすぎない雰囲気に。同素材のスカートも展開。
[BLWXYS0101] ¥9,612

From AOISHI
牡牛座の「新しいフェニミン」を引き出す、こんなビスチェで冒険を

item no.04
JOSEPH HOMME
HIGH POWERED
STRETCH DENIM PANTS

ハイパワーストレッチのデニムを使用したベイカーパンツ。きれいなシルエットと洗いをかけた表情が特徴で、モードなカジュアルスタイリングを楽しめる一本です。
[PPJHYM0018] ¥28,080

From AOISHI
「くつろぎ」と家が好きな、牡牛座にぴったりなゆったりパンツ

041　BLUE LAB ITEMS　CHAPTER FOUR.

牡牛座

item no.05
TOCCA BAMBINI
BLUE SKIN DENIM JACKET

トルコ"ISKO"社の高品質デニムを用いたノーカラージャケット。全方向に伸縮するソフトストレッチ加工の生地を使っているので、動きやすさは抜群です。さらにバイオブリーチ加工を施した優しい色調も特徴的。
[JKT8YM0135] ¥27,000

From AOISHI
「ガーリーの目覚め」が早い牡牛座の女の子が好きなデニムジャケット

item no.06
TOCCA BAMBINI
BLUE SKIN DENIM JEANS

品質にこだわったトルコ"ISKO"社のソフトストレッチ加工のデニムを使ったジーンズ。アンクルレングスでハイライズスキニーのシルエットは、上品さとかわいさを演出します。
[PRT8YM0135] ¥19,440

From AOISHI
ガーリー好きな牡牛座の女の子が、「ガーリー気分を味わえる」

Taurus

item no.07
TOCCA
SQUARE POACH

コンパクトなサイズ感のキャンバスポーチ。使い勝手の良いスクエアなデザインも◎。同素材のトートも展開。
[PCTZYM0050] ¥10,692

From AOISHI
リボン好きの牡牛座がデイリー使いできる、「今年の癒しグッズ」

CHAPTER FOUR.　　　BLUE LAB ITEMS　　　042

青石ひかりによるBLUE LAB占い ［12星座編］
powered by ONWARD "BLUE LAB"

CATEGORY

双子座

［ふたござ］ 5/21−6/20 生まれ

IMAGE

COMMENTARY

「『一生モノのブルー』との
出会いの季節になる?」

快活でフレンドリーで、コミュニケーションすることに至上の楽しみを感じる双子座。社交家でおしゃべり好きのあなたは、しつこさや重々しさを嫌い、「ライトな」表現を好みがちです。アップルグリーンやイエローを見ると、直観で「自分の色!」と思うかもしれませんが、涼し気なブルーとも相性がいいのです。ポップなもの、モダン・アート的なものも双子座の得意ジャンルなので、はじけるような鮮やかなブルーや、原色をぶつけあったようなブルーとレッド、ブルーとイエローの組み合わせも好きなはず。発色の綺麗なブルーのシューズや革小物も、双子座のために作られたかのようにピッタリに合います。

日常生活が充実し、自分の精神の深いところを見つめる機会が多くなる2018年は、双子座にとって「新しいブルーとの出会い」の季節になるかも。明るいブルーだけではない、憂いを含んだブルーやスピリチュアルなブルーにも無性に惹かれていくはずです。ファッションも、奇抜なものよりもオーソドックスで伝統的なものに目がいくようになりそう。「なんていうことはない、普通のデザイン」に潜む、大きな魅力を理解する時です。あなたの生き方に関しても、同じかもしれません。「みんながいいというものは、やはりいい」という認識に達し、今まで目をむけなかったたくさんの幸せを手に入れたいと思うかもしれません。「一生モノ」の貴重なブルー・アイテムとも出会う可能性大。直観で選べば、ずっと愛用することになるでしょう。

POINT

ブルー指数

80%

［5位］

WORD

［シンボルカラー］

アップルグリーン

［双子座の4つのキーワード］

| オーソドックス | 日常 |
| 一生モノ | 心のビタミン |

双子座

item no.01

SONIA RYKIEL COLLECTION
2WAY DENIM PANTS

ソニア定番のデニム素材のガウチョパンツ。高品質が自慢の"CONE DENIM"社のS.GENE®で実現したハイブリッド構造のストレッチデニムを使用。タテとヨコに伸びるので、ほどよいホールド感とキックバック性の高い、世界的にも高評価のデニム素材です。レーザー加工の柄やハート型の刺しゅうなどディテールも特徴的。
[PRWYYM0321] ¥24,840

> From AOISHI
> 「新しモノ好き」の双子座が求める、新素材やポップさのある一本

item no.02

五大陸
HIGH GAUGE PLATING TEE

サラッとした清涼感と適度な光沢感が特徴のコットンポリエステル素材のTシャツ。クリアできれいなハイゲージで編み立てているので、洗濯をしても型崩れしにくい使い勝手の良い一品。裏表で色を変えたプレーティング編みをしており、深みのある色感を引き出しています。
[KRGOYM0402] ¥8,532

> From AOISHI
> コミュニケーションを円滑にしたい、双子座の男性向きのTシャツ

CHAPTER FOUR.　　　　BLUE LAB ITEMS　　　　044

双子座

item no.03
J.PRESS
（LADY'S）
STRETCH DENIM PANTS

8.5オンスのストレッチデニムを採用したパンツ。ピュアインディゴの深い色味が特徴で、高級感のある仕上がりに。トレンドのハイウエスト型ですっきりした腰まわりがラフすぎないワイドシルエットが特徴的。ウエストの共布ベルトは取り外し可能。
［PRGJYM0280］¥20,520

From AOISHI
普段はさっぱり
ボーイッシュな双子座の
アナザーサイドを引き出す

item no.04
SHARE PARK
（MEN'S）
DENIM 10oz TROUSERS

10オンスDENIMを使ったトラウザーは、汎用性の高いシルエットを採用。トレンドに浮上しているブラックデニムがイチオシ！
［PPMJYM0103］¥10,584

From AOISHI
社交性の高い双子座が、
バーベキューやお花見で
人と集まりたい時に

双子座

ガーリーな花柄やフリルのコーディネートのトレンドに合わせて、あえてステッチを効かせたデザインに仕上げたGジャン。やや長めのレングスやオリジナルのフルールドットボタン、お花モチーフのストライプリボンの刺しゅうなど、組曲らしいこだわりも満載。
[JKKYMM0300] ¥14,904

> From AOISHI
> 双子座キッズが「話題の中心にいたい時」に着たいデニムジャケット

item no.05
組曲KIDS
BLANC FLEUR DENIM JACKET

item no.06
JOSEPH HOMME
AIR STRETCH DENIM PANTS

ミラクルエアーという特殊な中空糸を使用し、非常に軽量でしなやかな着心地を実現したデニムパンツ。タテ糸にインディゴを使用しているため、洗いによる当たり感を出したカジュアルなセットアップを提案。同素材のジャケットも展開。
[PPJHYS0003] ¥25,920

> From AOISHI
> 「モダン&アートフル」な双子座ライフを支えるストレッチデニム

item no.07
Feroux
PEARL POINT LOGO TOTE

シンプルで使い勝手の良いデニム素材のトートバッグ。持ち手の配色とパールポイントが特徴です。
[BOP8YM0203] ¥7,549

> From AOISHI
> 外出すると良いことがある双子座。自転車のカゴにポンと入れて

青石ひかりによるBLUE LAB占い ［12星座編］
powered by ONWARD "BLUE LAB"

CATEGORY

蟹座

［かにざ］ 6/21－7/22 生まれ

IMAGE

POINT

ブルー指数

72%

［8位］

WORD

［シンボルカラー］

朱赤、ホワイト

［蟹座の4つのキーワード］

活動的　意外性
海のイメージ　アイドル風

COMMENTARY

「大胆なチャレンジをしたい時、
ブルーは有効なキー・カラー」

あなたは優しさのかたまり。女性であっても男性であっても、小さい者や弱い者を守り、成長をしっかりと見守る愛情深さがあり、生まれながらの「母」であり「父」です。感情表現においては、他人より感受性が強いためにセンチメンタルになったり、オーバーアクションになったりすることもあるけれど、それも含めて蟹座の魅力なのです。芯が強く情熱家ですが、あなた自身が誰かに守られていなければ簡単に壊れてしまうような「もろさ」も併せ持っています。

海の生き物である蟹のサインであるあなたは、サンゴのような朱色に近いレッドと、真珠を思わせるホワイトに「ほっとする感じ」を得るかも。赤と白を混ぜたピンクも好きです。2018年はクリエイティブと遊びのハウスにラッキー星・木星が入り、いつもと違う大胆な自分を演出したり、新しい経験をしたりするのにぴったりの年。文字通り自分の殻を突き破って、大胆なチャレンジをしたい時、ブルーは有効なキー・カラーとなります。赤やピンクからは得られない、非日常的なインスピレーションや「意外性」ももたらしてくれる色です。活動エリアが拡大したり、付き合う人々のグレードが高くなる時に、あなたの前に現れる色がブルーです。

アクティブなデニムのアイテムは蟹座のフレッシュな一面に光を当て、同時に生まれながらの個性も大切にしてくれるはず。淡いブルーを「甘口に」着こなすことができるのも蟹座の特権。スターやアイドルの着こなしをミーハーに真似ても、蟹座なら嫌味なくキュートに仕上がります。

蟹座

item no.01
組曲BAG
DIAMANT

ダメージ加工で格子柄を表現したカジュアルトート。素材感がとてもキュートで、ポケットも多く機能的な仕様も見逃せません。中央のオリジナル金具がアクセント。ロングショルダーも付いているので2WAYで使えるのもうれしい。
［BOGWYM0207］¥16,200

From AOISHI
今シーズン運気のいい蟹座の「プリンセス気分」をアップさせる

"ISKO"社の新開発素材のSTRAIGHTタテストレッチデニムを用いたジーンズ。タテ方向のみ伸びる素材は、ヨコ方向の伸びを抑え、上に持ち上げる今までのデニム素材では想像できない新しい着用感が最大の特徴。ヒップを引き締めて上げる美脚効果も期待大！
［PPNSYS0101］¥20,520

From AOISHI
ミーハーさのある蟹座男による、ハリウッドセレブのオフスタイル

item no.02
23区HOMME
ISKO STRAIGHT STRETCH JEANS

Cancer

蟹 座

item no.03
JANE MORE
HYPER STRETCHDENIM JACKET

ストレッチデニムを用いたノーカラージャケットは、撥水加工を施し春の雨にも対応。色落ちの心配もなくストレッチが効いているので着心地も◎。大人のカジュアルなデニムジャケットはスカートやワイドパンツにも合わせやすい丈に仕上げられています。
[JKQMYS0205] ¥31,320

From AOISHI
今年は「デキる女」の蟹座がマネージメント力をアピールできる一着

Cancer

item no.04
J.PRESS
（LADY'S）
STRETCHDENIM SKIRT

8.5オンスのストレッチデニムを使用したスカート。ピュアインディゴの深い色味が特徴で、高級感のある仕上がりと、限界までブリーチアウトしたアイスブルーが特徴的。ミドル丈のAラインのスカートは裾ラインにあるステッチがデザインポイント。ウエストのリボンは取り外し可能。
[SKGJYM0280] ¥19,440

From AOISHI
「リラックスしたい」
「自分自身に戻りたい」
蟹座に合うスカート

蟹座

item no.05

BEIGE,
PIXEL

上質なインディゴ生地にブリーチ加工を施したサックスカラーのワイドパンツ。ヨコ糸にタテに対して太い糸を使用し、ウエスト部分のフリンジもデザインポイント。ボトム後ろのポケットにはカンマの刺しゅうが施されています。
[PRCWYS0212] ¥24,840

> **From AOISHI**
> フリンジのかわいさが蟹座好み。ペールな色味も水関連の星座ゆえ？

item no.06

BEIGE,
PIXEL

インディゴにブリーチ加工を施したサックスカラーのスカート。ウエスト部分のフリンジ紐がスタイリングに欠かせないアクセントに。
[SKCWYS0212] ¥22,680

> **From AOISHI**
> 「家庭的な蟹座」でも着こなせる、ややモードイメージのスカート

item no.07

自由区
TIMELESS DENIM PANTS

股上の深いワイドシルエットのデニムパンツ。ワイドですが、女性らしく着用できるのがうれしい一品。特殊な糸によって毛羽が少なく光沢感とソフトなタッチが特徴。しなやかなストレッチ性で、はき心地は抜群。本格デニムメーカーの素材です。
[PRWMYM0271] ¥21,384

> **From AOISHI**
> 「レトロ好きでヴィンテージ好き」の蟹座をくすぐる加工感

CHAPTER FOUR.　　　　BLUE LAB ITEMS　　　　　　　　　　050

青石ひかりによるBLUE LAB占い ［12星座編］
powered by ONWARD "BLUE LAB"

CATEGORY	
# 獅子座	［ししざ］ 7/23 − 8/22 生まれ

IMAGE

COMMENTARY

「メンタル面を癒すなら、デニムとブルーのアイテムを」

そこにいるだけで華やかな「主役オーラ」を放っている獅子座。子供の頃から周囲の注目を集め、ヒロイン・ヒーローとしてスポットライトを浴びて来た人も多いはずです。クイーンorキングとしてみんなを楽しませ、お祭りの中心にいた獅子座は、大人になっても子供の心を忘れない無邪気さを残しています。キラキラ輝くイエローゴールド、太陽を思わせるオレンジイエローがあなたのシンボルカラー。光り輝く星のもとに生まれた獅子座には、ラメやスパンコールもフィットします。

2018年は、「外から見られる自分」を演出することを少しばかりお休みし、プライベートの静かな時間を満喫する年。安息のハウスの木星はあなたに家庭や家族の大切さを思い出させてくれます。人生全体に落ち着きが出てきて、精神面でも深みが増してくるのです。いつもは目に入らなかったブルーのアイテムに、突然「波長が合う」感覚を得るかもしれません。5月には、キャリアのハウスに天王星が入り、あなたの仕事にも大きな変化が起こりやすくなります。仕事面でサバイブしていくためにも、「地に足の着いた価値観」が何より大事になってきます。子供っぽさをセーブして、大人の常識を武器にしていかなくてはならない場面も増えるでしょう。

デニムは五行の分類では「木」タイプに属し、これを身に着けることで「陽」の気を帯びる獅子座は「育てる」「成長をうながす」能力が発達します。自分や家族を成長させたり、メンタル面のダメージを癒したいと思った時、デニムとブルーのアイテムを身に着けて。よき方向へと運んでくれるはずです。

POINT

ブルー指数

66%

［10位］

WORD

［シンボルカラー］

イエローゴールド

［獅子座の4つのキーワード］

獅子座

太ももまではカラダのラインに沿わせ、裾にかけてはフレアのシルエットにしたデニムスカート。5ポケットのディテールとフレアラインによって、カジュアルなデニム素材を女性らしい雰囲気に落とし込みました。
[SKWOYS6205] ¥20,520

item no.01
23区
DENIM SKIRT

From AOISHI
「眠れる獅子が起きる」ような、冒険心が戻ってくるアイテム

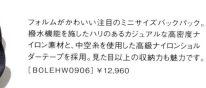

フォルムがかわいい注目のミニサイズバックパック。撥水機能を施したハリのあるカジュアルな高密度ナイロン素材と、中空糸を使用した高級ナイロンショルダーテープを採用。見た目以上の収納力も魅力です。
[BOLEHW0906] ¥12,960

item no.02
LE BAC
NYLON MINI BACKPACK

From AOISHI
「別のエリアに行きたい」時の獅子座の、フットワークを軽くする

item no.03
SHARE PARK
(MEN'S)
ACID DYE KNIT

ピグメント染料で製品染めしたワッフルニット。色褪せたようなカラーが特徴で、デニムパンツの合わせとしてもイチオシのニットです。
[KRMJYS0005] ¥8,532

From AOISHI
自然を好む獅子座の男性の、「水辺の遊び」で着たいニット

獅子座

J.PRESS定番のゴルフジャケットをベースに作成した上質なブルゾン。インディゴ染めに比べて色落ちしにくいデニム素材を使用。デニム裏面にはボンディング加工を施し、通常のデニムとは違ったハリ感や防寒性を実現。
[JROVYM0205] ¥52,920

From AOISHI
少し自己中心的に頑張りたい、今年の獅子座男の「主役アイテム」

item no.04
J.PRESS
(MEN'S)
DENIM BLOUSON

item no.05
SHARE PARK
(LADY'S)
CUT OFF WIDE DENIM PANTS

トレンドのワイドシルエットに裾をカットオフした加工を施し、より軽い印象に。着丈の短いコンパクトなトップスと合わせると、旬のバランスが取れ、よりトレンドを意識した着こなしが完成します。
[PRLTYS0017] ¥10,692

From AOISHI
冒険へ誘うワイドパンツ。獅子座はカラフルなトップスを合わせて

獅子座

item no.06
SONIA RYKIEL COLLECTION
DENIM PANTS

カジュアルなデニムのアイテムが、きれいめなシルエットやディテールで大人らしい仕上がりに。深みのあるインディゴブルーとホワイトの配色がポイント。色落ちしないデニムのため白ステッチが染まることはなく、ロゴ刺しゅうも白で統一したこだわりの一本。
［PRWYYM0240］¥24,840

> **From AOISHI**
> 獅子座の「ヒロイン気分」を高める、個性派の「裏女王アイテム」

item no.07
JOSEPH ABBOUD
JOE COTTON PARKA

アブードオリジナルのオーガニックコットン"JOE COTTON"を用いたニットパーカ。光沢やしっとりなめらかな肌触り、ふっくらとした風合いが特徴。伸縮性のあるケーブル編みの着心地の良さと極上の肌ざわりは病みつきのレベル！
［KRJLYM0307］¥20,520

> **From AOISHI**
> 獅子座の男性が「燃焼したい」時に着たい、スポーティアイテム

青石ひかりによるBLUE LAB占い ［12星座編］
powered by ONWARD "BLUE LAB"

CATEGORY

乙女座 ［おとめざ］ 8/23－9/22 生まれ

IMAGE

POINT

ブルー指数

78%

［6位］

WORD

［シンボルカラー］

オリーブグリーン

［乙女座の4つのキーワード］

大人色	制服テイスト
安眠カラー	有能にみせる

COMMENTARY

「ブルーの力を借りて、
社交的でオープンマインドな気分に」

清純で文字通り「乙女」な部分と、型破りで妖艶な「妖婦」の二面性をもつ乙女座。男性なら、清潔感を武器に次々と女性たちから愛されるモテモテ男の典型です。男女とも共通しているのは、まめで働き者であるということ。必要な時には自分の「秘密兵器」としてのセクシー・パワーを使える能力があること。その二面性は、二人きりのシチュエーションになった時しか相手に知られないため、とてもミステリアスです。自然を愛し、草花や木とともにいることを愛するので、グリーンがラッキーカラー。花の色であるホワイトやピンクに魅了される乙女座も多いはず。

不安定な傾向が強かったここ数年の流れが刷新され、落ち着いた充実期を迎える2018年の乙女座には、いつものお気に入りの色に加えて「大人のブルー」をプラスすることを提案したい。制服テイストの服は何でも似合うあなたなので、あえてブルー系のユニフォームを着られる職場を選ぶのも◎。人脈を広げたい時や、大勢の前でプレゼンをする時などもブルーが活気とエナジーを与えてくれます。緊張をほぐしたり、感情を理性的に対処したりする時にもブルーを使って。有能さや真面目さをアピールする時も、乙女座はこの色をお守りにするべき。プロフィール写真を撮影する時は、ブルーの服やアクセサリーを印象的にまとうと美しく映ります。インテリアは、寝室に是非ブルーを。カーテンやベッドリネンにお気に入りのブルーを使うと、潜在意識からリフレッシュされ、ひらめきをキャッチすることが多くなります。

055　BLUE LAB ITEMS　CHAPTER FOUR.

乙女座

さらっと羽織れる裏なしのライトアウターをブラッシュアップしたトレンチコート。スタイルアップを狙えるスリムシルエットと背裏のレースがポイント。デニム風に見える落ち感のある素材でほどよくカジュアルに。
[CMPFYS0201] ¥16,200

From AOISHI
乙女座女性の「清楚でガーリーな気持ち」とシンクロするトレンチ

item no.01
Feroux
NO COLLAR LIGHT TRENCH COAT

item no.02
23区BAG
FUNCTIONAL SHOPPER

2017年春夏のデビューから好評の"背負えるバッグ"のミニサイズ版。リュック、手提げ、ミニショルダーとして使え、スタイリングのアクセントにもなる便利サイズも特徴。撥水性のあるデニムナイロンを使用。
[BOGPYM0107] ¥18,360

From AOISHI
異国を歩いている気分で持つ、乙女座の「ロマンティックバッグ」

CHAPTER FOUR.　　　　BLUE LAB ITEMS　　　　056

乙女座

item no.03
SHARE PARK
（LADY'S）
FRONT BUTTON
DENIM SKIRT

ライトオンスのデニム素材を使用したボリュームスカート。フロントにはタックを入れ、ボタンをあしらってポイントにしています。ゴム仕様のウエストはラフに着用でき、シーズンレスに活躍してくれるはず。汎用性の高さもポイント。
[SKLTYM0019] ¥8,532

From AOISHI
丈もデザインも乙女座好み。ミニスカよりこういう丈が好きなはず

item no.04
SHARE PARK
（MEN'S）
CONE DENIM
11.75oz JEANS

SHARE PARKメンズで定番のジーンズは11.75オンスの"CONE DENIM"を採用。足のラインがきれいなスリムシルエットを実現。
[PPMJYM0102] ¥10,584

From AOISHI
無意識の内に現れている乙女座の「ボーイッシュ」面を引き立てる

乙女座

アブードオリジナルのオーガニックコットン"JOE COTTON"を使ったダンガリー素材のシャツ。繊細で光沢感があり、肌触りも優しいのが特徴。オーバープリントを施しており、繊細な草花をオリジナル柄で表現しています。生地には製品洗いをかけラフな印象に。
[HSJLYS0104]￥20,520

From AOISHI
清潔感がキーワード。
"モテ男"乙女座の
男性のエイジレスを強調

item no.05

JOSEPH ABBOUD
JOE COTTON SHIRT

両ポケットのメンズライクな要素を取り入れつつも、コンパクトなサイズ感と前立ての幅をあえて細身にして華奢な雰囲気で女性らしさを表現した一着。
[BLWOYS0202]￥18,360

From AOISHI
カジュアルだけど、
乙女座が着れば
「ファンタジック」
アイテムに

item no.06

23区
DENIM SHIRT

CHAPTER FOUR.　　　　BLUE LAB ITEMS　　　　058

青石ひかりによるBLUE LAB占い ［12星座編］
powered by ONWARD "BLUE LAB"

CATEGORY		
	天秤座	［てんびんざ］ 9/23−10/22 生まれ

IMAGE

POINT

ブルー指数

86%

［4位］

WORD

［シンボルカラー］

ヴァイオレット

［天秤座の4つのキーワード］

クール	ハイセンス
大人カラー	引き算

COMMENTARY

「『クールダウンのブルー』は
色々なところであなたを救う」

エレガントでクール、天性の美意識とバランス感覚をもつ天秤座。公平さと「両方の気持ちを大切にする」あなたは、子供の頃から「男の子の色・女の子の色」というステロタイプの区別に対して疑問を抱いていたはず。女性なら、みんながピンクに夢中になっていた時、「私はもっと大人っぽい色が素敵だな」と思っていたかも。奥に秘められたものの価値を見抜き、あからさまな表現よりも「ほのめかすこと」「ヒントを与えて推察させること」を好みます。

茄子色に近い紺色や藍染色には、胸騒ぎがするほどのときめきを感じているかも。「どんな色でも組み合わせによって表情が変化する」ことを知り尽くしているあなたは、デニムやジーンズに対してもハイレベルな着こなしを見せます。豪華さを好みつつ、さりげなさを大切にするので、裏地やデザインにも相当なこだわりがあるはず。

2018年は、天秤座にとって「ここが自分の基盤」ということをしっかりと見極め、固定させていくシーズン。一か所に腰を落ち着けることが苦手だった人も、同じ場所に居続けることで自分の価値を高めていける時です。短期間でグンと成熟していくあなたには、大人色としてのブルーがフィット。地味であればあるほど、逆に素材の美しさが目立つのが天秤座です。ファッションもインテリアも引き算のセンスを活用して、上級者のバランスを表現してみて。精神面でも、「クールダウンのブルー」は色々なところであなたを救ってくれます。

天秤座

item no.01
ICB
LINEN DENIM

色落ちのないデニムカラーのきれいめパンツ。麻を使ったデニムは軽量で上品な佇まいが特徴。深すぎないスリットもポイント。
[PRCYYS0141] ¥19,940

> **From AOISHI**
> 麻素材が天秤座の「涼感キャラ」を倍増。美意識で着こなす変化球

item no.02
23区 HOMME
TRENCH COAT

パッと見はデニムを使用した素材に見えますが、細番手の先染めの糸を用いた、インディゴ染料を使用していないボンディング素材のトレンチコート。アンカー（錨）マークのメタルボタンやウエストベルト裏にゴートレザーをアクセントで用いるなど、ディテールへのこだわりも◎。
[CCNSYS0202] ¥68,040

> **From AOISHI**
> 難易度高めでも、天秤座特有の「崩しのセンス」を発揮できる一着

天秤座

取り外しできるコルセットベルトが今年らしいタイトスカート。キックバック感の良い素材で、タイト＆長めにもかかわらず動きやすいのがポイント。
[SKPFYS0200] ¥10,692

From AOISHI
天秤座の「ハズしのセンス」を活かせるデニムスカート

item no.03
Feroux
LADY LIGHT DENIM SKIRT

ボリュームたっぷりのドラマティックなTOCCAらしいデニムスカート。6オンスという薄手の生地を用いているので軽い仕上がりに。ウエストから長めに入ったステッチが縦のラインを強調し、カジュアルすぎないスタイルアップ効果が期待できます。
[SKTOYS0160] ¥31,320

item no.05
23区HOMME
KNIT GILLET

From AOISHI
天秤座が「映画のヒロイン」気分を味わえる。素敵な場所で写真を

デニム調に見える深みのある糸を使用し、春らしい色味で仕上げました。オールシーズン、スタイリングのアクセントとして便利なニットベスト。
[KRNSYM0202] ¥17,280

item no.04
TOCCA
MARINE

From AOISHI
ノーブルなのに、天秤座のあなたならカジュアルに着こなせる

天秤座

ゆるっと抜け感のあるデニムシャツ。きれいめなカジュアルスタイルにぴったりの一枚。光沢がきれいで色々なシーンで着られるベーシックなインディゴと、特殊なブリーチ加工によって生まれた深みのある薄いブルーの2色の他、ピンクも展開。
[BLCYYS0140] ￥17,280

From AOISHI
エレガンスを発揮する天秤座の「ウラ勝負服」は、デートで色気が

item no.06
ICB
TENCEL DENIM SHIRT

上品な雰囲気の着こなしにぴったりのデニムワンピース。しっかりとしたハリ感や可憐なフレア部分がポイント。さりげなく付けたオリジナルのフルールドットボタンも見逃せません。
[OPKYYM0320] ￥14,040

item no.07
組曲KIDS
BLANC FLEUR DENIM
ONE PIECE

From AOISHI
子供でも「オシャレ番長」。渋いブルーが天秤座の美意識教育に

青石ひかりによるBLUE LAB占い ［12星座編］
powered by ONWARD "BLUE LAB"

CATEGORY

蠍 座

［さそりざ］ 10/23−11/21 生まれ

IMAGE

POINT

ブルー指数

59%

［12位］

WORD

［シンボルカラー］

ダークレッド

［蠍座の4つのキーワード］

主役気分　星空
リサイクル　精神的な愛

COMMENTARY

「ブルーの再生のパワーを
味方につければ敵なし」

精神的に深いつながりや、官能的なエネルギーの交信に大きな魅力を感じ、女性も男性も強烈な魅力のオーラを放っている蠍座。「恩」や「義理」を大切にし、救ってくれた人には一生忠誠を誓い、相手の権力や財力を引き継ぐという不思議な能力もそなわっています。大好きな人にはどんな危険を冒してでも最高の愛を注ごうとしますが、裏切った者は一生許さない執念深さも。これまでの人生を振り返っても、一度仲良くなった人とはそう簡単に縁が切れなかったのではないでしょうか。

樽の中で芳香を放つワインのようなレッドが蠍座のシンボルカラーですが、2018年は蠍座の12年に一度の幸運期に当たり、すべての色を味方につけることが出来ます。夜空のようなミッドナイトブルーは、蠍座の妖艶な魅力を引き立てる色で、シルバーやゴールドと合わせることでカリスマ性も表現できます。何度洗っても「再び生き返る」素材であるデニムは、「不死と再生」のシンボルである蠍座のお気に入りのはず。シンプルなものから、ダメージ加工したものやウォッシュ加工したものまで、幅広いデニムを楽しんでみて。なんといっても、2018年の主役はあなたなのです！

5月以降、天王星が約84年ぶりにパートナーシップのハウスに入り、対人関係では大きな変化が予想されますが、どんな展開になっても蠍座のプラスに変えていけるはず。他人に影響されすぎたり翻弄されたりすることなく「自分軸」をしっかり持って。ブルーの再生のパワーを味方につければ敵なしです。

BLUE LAB ITEMS　　CHAPTER FOUR.

蠍座

item no.01
any FAM
SLUB DENIM JACKET

ストレッチ性があり着心地のよいデニム素材のジャケット。ノーカラーのデザインなので幅広い着こなしに対応。一着持っておくと便利なアイテムです。
[JKFXYM0351] ￥8,629

From AOISHI
オープンマインドで人気者の蠍座にぴったりな、愛されジャケット

item no.02
JOSEPH ABBOUD
ISKO DENIM PANTS

世界シェアトップクラスを誇るトルコのデニムメーカー"ISKO"社の高性能ストレッチデニムを用いたジーンズ。身体への締めつけが少なく、吸い付くような感覚で身体の動きにフィットします。
[PPJLYM0211] ￥20,520

From AOISHI
「限りなく黒に近い藍色」は、蠍座が自然と手が伸びるアイテム

Scorpio

CHAPTER FOUR.　　　　BLUE LAB ITEMS　　　　064

蠍座

やわらかく軽めの"CONE DENIM"
を使用した本格ジーンズ。シルエット
は人気のハイライズストレート。
[PRFXYS0255] ￥8,629

From AOISHI
「冒険者」の蠍座を
夏の海に誘う、
カジュアルモードのパンツ

item no.03
any FAM
VINTAGE CONE DENIM JEANS

Scorpio

item no.04
五大陸
MELANGE RUSSEL
STRETCH JACKET

国内では希少なタテ編み機で作
ったラッセルという素材のジャケッ
ト。リネンとコットンを異なる色で撚
り合わせた杢糸を使用しているの
で色に深みがあります。裏面には
吸汗速乾性、ドライタッチ、軽量
感を備えた機能素材の糸を使用。
[BRGOYM0304] ￥31,320

From AOISHI
「対人関係に変化が出る」
蠍座の2018年に
最適なジャケット

蠍座

本格的な素材に、ブランドらしいビジューデザインをプラス。コートネームも配色グログランでさりげないこだわりが効いています。
[JKPFYS0200] ￥15,120

From AOISHI
ラブリーなモノ好きな蠍座のプライベート感とホリデー気分を演出

item no.05
Feroux
LADY LIGHT DENIM JACKET

Scorpio

item no.06
TOCCA
SPICE

高級デニムと名高い"KAIHARA DENIM"の薄手で肌なじみのよい素材を使用したノーカラーのデニムジャケット。ソフトストレッチ加工が施されているのでストレスのない着用感を楽しめます。また、ビジューボタンとデニムと同色系のボタンによる、フェミニンな仕上がりも見逃せません。
[JKTOYS0160] ￥32,400

From AOISHI
キリッとした「勝負服」にも。蠍座の本質に還って自分をアピール

CHAPTER FOUR.　　　BLUE LAB ITEMS　　　066

青石ひかりによるBLUE LAB占い ［12星座編］
powered by ONWARD "BLUE LAB"

CATEGORY

射 手 座　［いてざ］11/22 − 12/21 生まれ

IMAGE

POINT

ブルー指数

93%

［2位］

WORD

［シンボルカラー］

ターコイズ・ブルー

［射手座の4つのキーワード］

COMMENTARY

「開放的なブルーのパワーを
ライフスタイルに取り入れて」

楽観と歓喜の惑星・木星を支配星にもつ射手座は、まさに歩くクラブ・ミュージック!! ストリート・センスには秀でたものがあるので、デニムも誰よりもスタイリッシュにカスタマイズして、クールに着こなしているはず。

2016年から2017年の12月まで滞在していた土星が抜けたため、2018年の射手座は空に手が届きそうなほどの解放感を味わうことになりそう。1年の前半は癒しのブルーで疲れた心身をリチャージしながら、ベストなコンディションを取り戻していって。早ければ天王星が創造のハウスにとどまる5月中旬までに、ポジティブな転換がやってきそうです。射手座の本格的なラッキー期は2018年の11月から。12年に一度、支配星・木星が「ベストな配置」であるあなたのもとに入り、約1年間滞在します。ブルーの開放的なパワーをライフスタイルにもふんだんに取り入れて、ファッションだけでなくインテリアや家電にも目を向けてみて。ビビッドなポイントカラーとして使うのもいいでしょう。

射手座のイマジネーションを刺激するのは「ネイチャー」。南の島の抜けるような空の青さや海の輝きも、あなたを元気にしてくれます。全身ブルーに包まれるために、海の綺麗なスポットに旅するのも2018年のラッキー・アクション。マリンスポーツも大吉です。仕事面では、革新性やニュートラルな判断が必要とされるシーンでブルーのアイテムを身につけるように。努力が必要な時は藍色に近いブルーを、少し尖ったアイデアを伝えたい時は明るいターコイズ・ブルーを使うとうまくいきます。

射手座

コットンストレッチでほどよい厚みのあるデニム素材の定番Gジャン。トレンドを意識したビックシルエットで、少し襟を抜いてゆるく着こなすと今年っぽい感じに。
[JKLTYS0013] ¥10,692

From AOISHI
肩の荷が降りて、開放感溢れる射手座がスタートラインに立つ一着

item no.01
SHARE PARK
（LADY'S）
DENIM JACKET

Sagittarius

item no.06
23区
DENIM ROOMY STRAIGHT JEANS

股上が深く、太ももに少しゆとりがあり、膝から裾にかけてストレートなデニムはハイウエストではきたい一本。はくと少し膝が入り、裾が広がり気味に見えるシルエット。あえて少し短めのレングスで足首がすっきりと見えるデザインも特徴的。
[PRWOYS0204] ¥20,520

From AOISHI
射手座に自信とプライドを与えるジーンズ好きのための一本

射手座

item no.03
any FAM
DUMMYNAME

身ごろにフリルをあしらったGジャンはフェミニンなイメージ。ストレッチが効いたデニム素材なので、活発なキッズにもピッタリ。
[JKFKYS0222] ¥5,389

> **From AOISHI**
> 射手座キッズの女の子らしく、「遊び場やレジャー」に相性が◎

Sagittarius

item no.04
any FAM
DUMMYNAME

はき心地抜群なストレッチ素材のデニムパンツはブラスト加工で大人顔に。バックポケットのハート刺繍や裾を折り返すとのぞくレースがガーリー。
[PRFKYS0222] ¥3,229

> **From AOISHI**
> 射手座の女の子は動きやすいパンツが好き。上下セットがおすすめ

item no.05
組曲BAG
EPICE

カジュアルにも通勤にも使えるきれいめに仕上げたトートバッグ。本体素材は色が落ちない日本製のコットンポリエステルのデニム調の生地を使用。
[BOGWYM0206] ¥16,200

> **From AOISHI**
> 気取らない射手座の魅力が倍増する、「友達が増えるバッグ」

射手座

サイロスパンという特殊な方法で作った糸を使用しているデニムパンツ。見た目は本格的なヘビーオンスのデニムですが、実際はやわらかくしなやかな風合いに。今注目のベイカーデザインも特徴です。
［PRFXYM0352］¥6,469

From AOISHI
「毎日が夏休み」気分で自由を満喫できる、射手座の旅向けパンツ

item no.02
any FAM
SIROSPUN DENIM PANTS

Sagittarius

item no.07
JOSEPH HOMME
STRETCH DAMAGE DENIM JEANS

ストレッチ性の高いデニムを使用したデザインジーンズ。リペア加工を施す際にストレッチ性の高いデニムだとヨコ糸が縮んでしまうため非常に難しいが、それを可能とする熟練の技術によって完成されたこだわりの一本。
［PPJHYM0017］¥35,640

From AOISHI
開放感溢れるストレッチ素材は、射手座男が着倒すと運気が上がる

青石ひかりによるBLUE LAB占い ［12星座編］
powered by ONWARD "BLUE LAB"

CATEGORY

山羊座 ［やぎざ］ 12/22−1/19 生まれ

IMAGE

POINT

ブルー指数

75%

［7位］

WORD

［シンボルカラー］

黒とグレー

［山羊座の4つのキーワード］

信頼	変化
クリエイティヴ	デイリー使い

COMMENTARY

「内面の変化を起こしたいなら、ブルーの『自由さ』を取り入れて」

ストイックで努力家。現実をクールに観察して行動し、子供っぽい振る舞いなどしない山羊座は、周囲からも格上の存在として見られることが多い「大人星座」です。派手な色やカラフルな色もたまに着てみるけれど、一番落ち着くのは黒やグレー、という人も多いのではないでしょうか。幻や不確かなものを好まず、実体や本質を大切にする山羊座にとって、ファッションにも実用的なところがないとグッときません。山羊座がスーツを着ることが多いのは、これが「社会的信頼」をサポートしてくれるアイテムだから。無駄なものは要らないし、着ても仕方ないと思っているかもしれません。和装好きの山羊座も多いのですが、山羊座と伝統とは分かちがたく結びついていて、茶道や華道などの「道」を極めることが好きなのは決まって山羊座なのです。

2018年は支配星・山羊座があなたの頭上にやってきて、成長のための「刈り込み」を行っていきます。無駄なものは切り取られ、古い武器も捨てて、前に進むために身軽になっていくタイミングなのです。自分の欠点を受け入れる柔軟さも求められるので、積極的に内面の変化を起こしたいときはブルーの「自由さ」を取り入れて。「ここから動けない」という思い込みにとらわれている人は、特にブルーを毎日身につけたいもの。「自分の行きたいところにどこへでも行ける」色が、スカイブルーです。5月に天王星が久々に動いて創造のハウスに入ると、山羊座にも遊び心や無邪気な気分がムクムク湧き上がってきます。そんな時に「自由闊達なブルー」はあなたのポジティブな変化を加速させてくれます。

山羊座

Capriconus

item no.01
JANE MORE
MEMORY DENIM COAT

北陸は福井県で作られたデニム見えの先染め素材のスプリングコート。インディゴデニムと違い、色落ちの心配がなく着用できます。撥水加工も施されているので春の雨にも対応。すっきりとしたデザインでストライプ柄のキルトライナー付き。
[CMQMYS0203] ¥45,360

> From AOISHI
> 「頑張らないといけない」今年の山羊座の気合いを鼓舞する一着

item no.02
五大陸
DR.DENIM STRETCH SELVAGE DENIM JEANS

世界最高峰のデニムと称される"KAIHARA DENIM"の生地を使用。スリムテーパードのきれいなシルエットが特徴的。サスペンダーは別売り。
パンツ[PPGOYM0304] ¥20,520
サスペンダー[ZZ1AYM0827] ¥12,960

> From AOISHI
> 高品質ジーンズは、自分を向上させたい時の山羊座男のアイテム

山羊座

item no.03
any SiS
CONE DENIM JEANS

"CONE DENIM"の生地を用いたジーンズ。ヒップをきれいに見せるハイウエストと、すっきりとした腰まわり、少し緩みを持たせた膝と裾まわりになっています。足首が華奢に見えるラインなので、サンダルやヒールを合わせて大人っぽいデニムスタイルを楽しめます。
[PRWPYM0203] ￥9,612

> From AOISHI
> 鍛えたり、学んだり。
> 山羊座の集中力を高める
> リラックスアイテム

使い勝手の良いサイズ感でミニボストン、ワンショルダー、ロングショルダーとして使える3WAYバッグ。撥水性のあるデニムナイロンを使用。ハンドルは取り外し可能で、ショルダーで使うときはすっきりとしたデザインに変身します。
[BOGKYM0204] ￥18,360

> From AOISHI
> ハードな山羊座がデイリー使いする、
> 自分の心の「脱力」アイテム

老舗ブランドのシューズも製造する福岡県久留米市の工場で作られたアブードオリジナルのスニーカー。ネイビーのアッパーはオーガニックコットンのキャンバス地を使用。日本製らしい高品質な一足です。
[SE1KYM0001] ￥16,200

> From AOISHI
> カジュアルだけど「重厚感のある」
> 山羊座にこそ履いて欲しい一足

item no.04
23区BAG
BEANS 3WAY BAG

item no.05
JOSEPH ABBOUD
INDIGO SNEAKER

Capricornus

山羊座

item no.06

五大陸
DENIM CHAMBRAY SHIRT

世界でも有名なデニム産地である岡山県で原料、紡績、加工まで、手間暇かけて作られた風合いの良いデニムシャツ。製品洗いを施すことで、味のある風合いを実現しています。
[HSGOYM0201] ￥17,280

> **From AOISHI**
> 「ストイックで伝統的」なデニムの良さを、山羊座は表現できる

反応染めという特殊な染色方法で作られたストレッチデニムのスカート。Aラインシルエットが絶妙な長めのシルエットで、同生地のビスチェと合わせてワンピース風に着たり、コンパクトなニットをインして着こなせば、スタイルアップ間違いなし！
[SKWXYS0101] ￥17,280

> **From AOISHI**
> 忍耐強い山羊座の女性が好む、シックでエレガントなスカート

item no.08

TOCCA
CARIBBEAN

item no.07

組曲
KEEP INDIGO DENIM SKIRT

老舗ジーンズメーカーにも生地を供給している"CONE DENIM"の生地を使用したジーンズ。フェミニンなデザインにあえてメンズライクな素材を用いることで、甘すぎず本格的なデニムの雰囲気に。厚みのある生地なので腰まわりのホールド感を強く持たせ、体のラインが響きにくくなっています。
[PRTOYS0160] ￥31,320

> **From AOISHI**
> ハードな一年だが、「いいモノが好き」な山羊座に穿いて欲しい

青石ひかりによるBLUE LAB占い ［12星座編］
powered by ONWARD "BLUE LAB"

CATEGORY

水瓶座

［みずがめざ］ 1/20－2/18 生まれ

IMAGE

POINT

ブルー指数

90%

［3位］

WORD

［シンボルカラー］

ターコイズ・ブルー

［水瓶座の4つのキーワード］

個性	リラックス
ユーモア	ハズシの達人

COMMENTARY

「癒しのブルーはあなたにとっての必携アイテムに」

未来志向で自由と冒険を愛する水瓶座は、カジュアル・ファッションを着こなすことにかけても天才的。ドレッシーな服を着ていても、シンプルなデニムのコーディネートでも、同じようなエレガンスを発揮できるのは流石です。斬新なデザインのものや、キッチュやユーモアが込められているアイテムも、あなただからこそ着こなせるのです。「人と違っていなきゃダメ」な頑固な個性は、デニムのような素材でこそ生き生きと際立ちます。

2018年は地位が上がり、過去の自分を乗り越えて高いポジションを目指していく水瓶座。デニムにも豪華なニュアンスが加わると完璧です。素朴なラインのジーンズに合わせてヒールを履いたり、プレステージ・ブランドのバッグをプラスしてみるのも◎。男性なら、あえてフォーマルな席でも自分らしいデニム・コーディネートで臨むのもおすすめです。5月中旬には支配星・天王星が7年ぶりにサインを変え、あなたの安息のハウスに移動。プライベートでもブルーのアイテムを着ることが多くなってきそう。「リラックス」と「ノーストレス」が幸福な家庭生活のキーとなるので、癒しのブルーはますますあなたにとっての必携アイテムに。一人だけ頑張りすぎて、余計な敵を作ってしまいがちになる初夏シーズンも、気さくなデニムをまとうことでトラブルを避けられそう。ブルーの天然石のアクセサリーをトッピングすることで、パワーが倍増します。

075 | BLUE LAB ITEMS | CHAPTER FOUR.

水瓶座

Aquarius

item no.01
J.PRESS
(LADY'S)
STRETCH DENIM JACKET

高品質で日本製の"KAIHARA DENIM"を使用したジャケット。コンパクトですっきりしたシルエットは1枚で着てもサマになる。寒い時にはレイヤードもしやすいノーカラー仕様。また衿先をフリンジにして表情をつけているのもポイント。
[JKGJYM0280] ¥28,080

> From AOISHI
> 「ボーダーレス」を好む水瓶座が自らのアイデアを通したい時に

前身頃の編み地をデニム調に仕上げ、さらにボーダー柄で表現することでブランドらしさをプラス。胸ポケットにデニム調の素材を使用し、デニムパンツのパッチポケット的な遊び心も見逃せません。後ろ身頃を別布で切り替え、身幅を少し出した、今年らしいシルエットのプルオーバーです。
[KKWYYS0210] ¥19,980

> From AOISHI
> 「変わったデザインほどリラックスできる」水瓶座が着るべき一枚

item no.02
SONIA RYKIEL COLLECTION
DENIMLIKE BORDER CIRCULAR

水瓶座

item no.03

23区HOMME
DENIM JACKET

ヨコ糸にコーデュラナイロン糸を用いたデニムジャケット。軽量で強度のあるナイロン糸を使用することで通常のGジャンに比べ、より軽さと適度なツヤ感のある23区オムらしい上品な仕上がりに。
[JRNSYS0202] ¥38,880

From AOISHI
何かを切り開く局面が増える水瓶座。リーダーシップを採る時に

item no.04

any SiS
CONE DENIM JACKET

最上級のクオリティを誇る"CONE DENIM"の生地を用いたGジャン。王道のデザインながらも小ぶりな襟幅や胸ポケットのバランス、そしてコンパクトに見えるパターンなど、細部もこだわってデザインされた、長く着続けられる一着。
[JKWPYM0203] ¥14,040

From AOISHI
水瓶座が「有意義な旅」をしたい時に着たい、自由なデニムジャケット

水瓶座

item no.05

自由区
TIMELESS DENIM JEANS

特殊な糸によって毛羽が少なく光沢感とソフトなタッチを実現したボーイフレンドジーンズ。しなやかなストレッチによって、はき心地抜群。本格デニムメーカーの素材です。
[PRWMYM0270] ¥20,412

> From AOISHI
> イマジネーションが広がる今年の水瓶座の変身願望を叶えるデニム

Aquarius

item no.06

23区BAG
10 POINT BACKPACK

10個の特性を持った使い勝手の良いバックパック。撥水、軽量、ペットボトル収納などのポケットが充実しており、口開きも良く荷物の出し入れも容易なデザインです。すっきりとした見た目もポイント。
[BOGKYM0106] ¥19,440

> From AOISHI
> 水瓶の瓶は「知識の瓶」。知識の瓶に詰める本などを入れたい鞄

CHAPTER FOUR.　　　BLUE LAB ITEMS　　　078

青石ひかりによるBLUE LAB占い［12星座編］
powered by ONWARD "BLUE LAB"

CATEGORY	
魚　座	［うおざ］ 2/19－3/20 生まれ

IMAGE

POINT

ブルー指数

98%

［1位］

WORD

［シンボルカラー］

オーシャンブルー

［魚座の4つのキーワード］

COMMENTARY

「『ブルーに選ばれし星座』が
あなたです」

海王星を守護星にもつ魚座。その海王星が2012年から魚座に回帰してきており、2026年まであなたのサインにとどまります。この期間は、特にあなたにとってブルーは、自分の長所や個性をスムーズに出していける勝負色。魚座の誕生石はアクアマリンで「水」や「海」の自在さを象徴する宝石です。魚座自体にも「キリストを象徴する魚」という意味があり、聖なる青や、童話の「人魚姫」に出てくる海のような青が生まれつきあなたにはよく似合うのです。

2018年は自由な時間を手に入れ、今まで行きたかったさまざまな場所へ自由に旅できる年。まさに「水を得た魚」になります。重い鎧を脱ぎ捨て、スイスイと海を泳いでいくような時期になるでしょう。信頼できるメンバーをあなたのチームに入れたい時、友達やパートナーと絆を深めたい時、特に意識的にブルーを使うようにしてください。

デニムはボトムス、トップス、ビスチェからハンドバッグに至るまで、オールマイティに身に着けたいもの。カラーも、地に足をつけたい時は濃紺、ファンタジーの羽を伸ばしたい時はグレー系のブルーやペールブルーを選ぶなど、シチュエーションごとに楽しんで。ダンスをするような、スウィングをするような動きが魚座のチャームポイントなので、ストレッチのボトムスやギャザースカートはまさにハマり。「ブルーを着ています!」と大声で主張しなくても、自然とブルーと調和して、おしゃれな雰囲気を醸し出している「ブルーに選ばれし星座」があなたです。

BLUE LAB ITEMS　　　CHAPTER FOUR.

魚座

item no.01
Feroux
LADY LIGHT DENIM JEANS

着用するとヒップアップ効果抜群のパターンを採用。太もも部分にはヒゲ・ブラストで陰影をつけ、脚長効果を狙った加工を施しています。
[PRPFYS0200] ￥9,612

From AOISHI
ブルー好きの魚座の「恋愛を盛り上げる」、自己アピールアイテム

TOCCAらしいフェミニンなキャンバストート。型崩れしないよう中仕切りのファスナーポケット付き。形に沿って付けたグログランリボンで全体を引き締め、カジュアルすぎず、様々なシーンで活躍します。
[BOTZYM0050] ￥25,920

item no.02
TOCCA
TOTE BAG

From AOISHI
「童話のヒロイン」が持っているようなバッグは魚座の童心を充足

Pisces

魚座

item no.03

BEIGE,
ZOOM

シボ感のあるラフな表情のコットン100％デニムを用いたジーンズ。茶綿を使用したタテ糸にインディゴ染色することで、洗い後にナチュラルなくすみ感が現れます。ほどよいフィット感や足首が見える女性らしいレングスも特徴。
[PRCWYS0010] ￥22,680

From AOISHI
ブルーと一番相性のいい魚座が持ちたい癒しのミッドナイト色

item no.04

any SiS
CONE DENIM SKIRT

前中心がボタンダウンに見えるデザインのスカート。ウエストマークして着られる膝下丈ストレートの今っぽいシルエット。
[SKWPYM0203] ￥9,612

From AOISHI
魚座の季節である春にふさわしい、マイルドな楽しさを与える一着

魚座

ソフトな風合いと着心地のよいストレッチがこだわりのスリムストレートジーンズ。フェミニンなトップスに合わせる他、スカートとのレイヤードにも使える1本。
[PRWXYS0102] ¥16,200

From AOISHI
ディティールのかわいさに惹かれる魚座が好きなデニム

item no.05
組曲
STANDARD DENIM JEANS

2017年秋冬シーズンから引き続きトレンドのビスチェをデニム素材で製作。背面がゴムシャーリングになっており、カットソーやニットを着た時にすっきり見えるラインにこだわっています。
[BLWPYM0203] ¥7,452

From AOISHI
本能のまま生きる魚座らしいビスチェは、「お姫様気分」な時に

item no.06
any SiS
CONE DENIM BUSTIER

ドクターデニム 本澤裕治さんに聞く、デニムの最新事情

photo : MASATAKA NAKADA (STUH)　text : ATSUO WATANABE

数多くのブランドのコンサルティングを行っているドクターデニムこと本澤裕治さん。今回のBLUE LABでも本澤さんディレクションのデニムアイテムが登場します。そこで本澤さんにデニムについての基本的なことやトレンドなどをお伺いしてみました。

—— まずは本澤さんの作るデニムアイテムの考え方についてお聞かせください。

本澤裕治(以下H)「いつも僕はジーンズを手がける時は"料理している"と言っています。いわばシェフなんですよ。だから良い材料がないと、ちゃんとしたモノが作れない。あと、常々3Fという言葉を哲学というかコンセプトとして用いていました。これはファブリック、フィット、フィニッシュと言うことで、3つの要素が一つでも欠けてはいけないと考えています。でも、今年からは"4F"を提唱したく。新たにファクトリーという要素を加えたんです。僕の中で今年から日本製をもっと広げていきたいなっていう意向もあって。そうなると良質なアイテムを作れる工場が必要不可欠になってきます」

—— 日本製にこだわりつつも現状ディレクションされているデニムアイテムの品質も高めていくと？ そうなると工場の選定が必須であるということでしょうか。

H「その通りです。でも一番は材料です。良いデニム素材自体を見つけられないと、良い服は作れません。しかし良いデニムというのは高額なものだけとは限りません。ブランドごとの要望で海外生産でも日本生産でもクオリティはしっかりとキープする。言い換えるとあらゆる素材をシェフの僕たちがお客様のニーズに合わせた料理を提供するということですね」

—— とはいえ、デニム素材ってものすごい種類があると思いますが。

H「世界のいたるところにデニムを作っているメーカーや工場があるので、僕は"ワイン"に例えています。ワインの産地みたいなので(笑)。デニム生地のルーツはアメリカです。あとはヨーロッパもあって、昨今では中国をはじめとするアジアも見逃せません。だから良いデニムを探すとなると世界中をまわらなくてはいけません。たぶん、海外出張の半分以上は素材のリサーチですね」

—— 良い生地の基準とは？

H「判断する要素はいろいろありますが、僕の中ではリーバ

Dr. DENIM HONZAWA

イス®が使っている生地かどうかっていうのは大きい。一定の供給量や品質などを考えたらリーバイス®は見逃すことはできません。今回のBLUE LABでも用いたCONEもそうですね。

—— 最近のデニム生地のトレンドなどありますか？

H「もちろん、これも料理じゃないですけどデニムにもトレンドはありますよ。今の主流はストレッチです。今まで横にしか伸びなかったのですが、最近では縦にも伸びる生地が登場して、注目されています。いわゆる2WAYストレッチで、格段と動きやすくなっています。この2WAYストレッチは今後の主流になると思いますよ」

—— 本澤さんが考える"今のデニム"というのはどういうものでしょうか？

H「リーバイス®もそうですがヴィンテージは一つのキーワードでしょう。古臭くない普遍的な男性の象徴。それはワークだったりタフだったりするのですが、その辺を最新のジーンズで表現することが僕の持ち味かもしれません。でも、今はそれだけではアウト。ヴィンテージの雰囲気を持ちつつも、2WAYストレッチのように動きやすいし、シルエットも現代的な美しさを持っている。そんなジーンズが今っぽいのではないでしょうか。だから4Fの要素が欠かせない」

—— 今回のBLUE LABで手掛けられたデニムアイテムについてお聞かせください。

H「23区さんとは何シーズンもご一緒させてもらっています。今回はKAIHARAの良質なデニム生地を使ったアイテムが登場します。絶妙なユーズド感もポイント。あとは五大陸さんのアイテムを始めて手がけました。こちらもKAIHARAデニムを使っています。サスペンダーボタンをつけたジーンズなど、五大陸ブランドの世界観を壊さず、自分らしいデニムアイテムを提案できたと思います」

—— 今後の展開ついてお聞かせください。

H「いまジーンズ業界って転換期だと思っています。ヴィンテージ市場も停滞し、定番モデルも売れなくなってきている。そんな状況下だからこそ、新しい基軸のアイテムを打ち出していきたいなと。4Fという哲学を持ちつつ、お客様のニーズに応えられるものを作りたい。だからBLUE LABは面白い。このタイミングでこのような大きなプロジェクトが始動するということは、ある意味自然の流れかもしれません。僕もお客様に"ずっとはき続けたい"と思っていただけるものをカタチにしたいと思います。ゆえにゴールはないでしょうね（笑）」

本澤裕治　YUJI HONZAWA
有限会社ドクターデニム ホンザワ 代表取締役。国内外の大手ジーンズメーカーに勤務後、独立。豊富な知識と世界中のネットワークを武器に「レッドカード」など自身のブランドの他、100近くのブランドのジーンズのプロデュースに携わる"ドクターデニム"。

CHAPTER SIX. ONWARD BLUE LAB STYLE 084

brand no.01
23区

デニムアイテムを中心にした
オンワード「ブルーラボ」のアイテムを、ブランド別にコーディネート。

ジャケット[JKWOYS0203] ¥27,000
ニット[KRWOYS0201] ¥20,520
パンツ[PRWOYS0204] ¥20,520

085　　ONWARD BLUE LAB STYLE　　CHAPTER SIX.

brand no.02
23区HOMME

ジャケット［JRNSYS0202］¥ 38,880

CHAPTER SIX. ONWARD BLUE LAB STYLE 086

brand no.03
ICB

シャツ [BLCYYS0140] ¥17,280
パンツ [PRCYYS0141] ¥19,440

brand no.04
組曲

ビスチェ [BLWXYS0101] ¥9,612
シャツ [BLWXYS0208] ¥18,360
スカート [SKWXYS0101] ¥17,280

CHAPTER SIX.   ONWARD BLUE LAB STYLE   088

brand no.05

五大陸

スキッパーニット [KRGOYM0401] ￥9,612
パンツ [PPGOYM0304] ￥20,520
ネッカチーフ [AA1AYM0201] ￥7,020
サスペンダー [ZZ1AYM0827] ￥12,960

brand no.06
SONIA RYKIEL COLLECTION

ジャケット[JKWYYM0240] ¥31,320　パンツ[PRWYYM0240] ¥24,840

CHAPTER SIX.   ONWARD BLUE LAB STYLE   090

brand no.07
J.PRESS
(WOMEN'S)

ジャケット [JKGJYM0280] ¥28,080

brand no.08
TOCCA BAMBINI

ジャケット [JKT8YM0135] ¥27,000
ワンピース [OPT8YM0134] ¥28,080
シューズ [SE3TYS0100] ¥12,960

CHAPTER SIX.   ONWARD BLUE LAB STYLE   *092*

brand no.09
any SiS

ビスチェ [BLWPYM0203] ¥ 7,452
スカート [SKWPYM0203] ¥ 9,612

brand no.10
BEIGE,

カットソー [KKCWYS0202] ¥11,880
パンツ [PRCWYS0212] ¥24,840

CHAPTER SIX. ONWARD BLUE LAB STYLE 094

brand no.11
TOCCA

ブラウス [BLTOYM0285] ￥24,840　パンツ [PRTOYS0160] ￥31,320

brand no.12

JOSEPH ABBOUD

コート [CCJLYM0205] ¥63,720　パンツ [PPJLYM0107] ¥22,680

CHAPTER SIX.   ONWARD BLUE LAB STYLE   *096*

brand no.13
自由区

シャツ [BLWMYM0273] ¥26,892
パンツ [PRWMYM0271] ¥21,384

photo : BUNGO TSUCHIYA (TRON)　styling : SHINO SUGANUMA
hair : GO UTSUGI (SIGNO)　make-up : TOMOHIRO MURAMATSU (SEKIKAWA OFFICE)
models : OUDEY EGONE (donna), JESKE (BRAVO), SAFARI (ACTIVA), JILLIAN F (Free Wave)

オンワード樫山 お客様相談室　TEL 0120-586-300

AFTERWORD

本書の成り立ちについて

『BLUE LAB HOROSCOPE BOOK（ブルーラボ ホ
ロスコープ ブック）2018 SPRING＆SUMMER』をお
読みいただき、ありがとうございます。本書は、オンワー
ド樫山が2018年春夏シーズンに展開するデニム製
品を中心としたキャンペーン・プロジェクト「BLUE LA
B」の企画の一環として誕生しました。ファッションのト
レンドカラーのひとつであるブルー（青色）にフォーカス
し、ウェブマガジンや雑誌で人気の西洋占星術研究
家・青石ひかり先生の協力のもと、2018年春夏シー
ズンにおいてブルーという色が時代の中で持つ意味や、
12星座それぞれにおいてブルーが運勢に与える影響
を考察しました。星座ごとのBLUE LAB占いのページ
のアイテムも、ひとつひとつの商品を青石先生が見て、
それぞれの星座が示す相性に合わせて配置していま
すので、「占いをもとに似合うアイテムを見つける」とい
う、新しいファッションの選び方をお楽しみください。